As 3 fases da vida com sucesso

CB082212

Minha satisfação, uma caneta marca-texto na mão, este livro, as letras entre linhas, como se fossem as terras aradas do campo, riscadas para a produção. Faça o mesmo, entre dois pontos ou entre duas vírgulas, ao encontrar um benefício, risque e rabisque. A alegria de poder dividir o que é bom e trazer prosperidade.

CIP-BRASIL. CATALOGAÇÃO NA PUBLICAÇÃO
SINDICATO NACIONAL DOS EDITORES DE LIVROS, RJ

P667t
2. ed.

Pieczykolan, Eder, 1962-
As 3 fase da vida com sucesso / Eder Pieczykolan. - 2. ed. - São Paulo : Letras do Pensamento, 2022.
320 p. ; 23 cm.

Apêndice
ISBN 9786589344162

1. Pieczykolan, Eder, 1962-. 2. Advogados - Brasil - Biografia. I. Título.

22-77303 CDD: 923.4
CDU: 929:347.965

Meri Gleice Rodrigues de Souza - Bibliotecária - CRB-7/6439

19/04/2022 20/04/2022

Eder Pieczykolan

As 3 fases da vida com sucesso

2ª Edição – 2022 – São Paulo – SP

Letras do Pensamento

© Eder Pieczykolan
© Letras Jurídicas Editora Ltda. ME

Projeto de Capa: *Tom Soares*

Conceito e Criação: *Sofia D. Pieczykolan*

Foto do autor 1ª orelha: *Elvira Pieczykolan*

Montagem da Capa e Diagramação Miolo: *@armenioalmeidadesigner*

Colaboração e Revisão: *Dra. Sandra Vargas*

Revisão: *Daniela Georgeto, Paulo Ribeiro*

Editor: *Claudio P. Freire*

2ª Edição - 2022 - São Paulo-SP

Reservados a propriedade literária desta publicação e todos os direitos para Língua Portuguesa pela **LETRAS JURÍDICAS Editora Ltda. ME.**
Tradução e reprodução proibidas, total ou parcialmente, conforme a Lei nº 9.610, de 19 de Fevereiro de 1998.

Letrasdo Pensamento

Rua Eduardo Prado, 28, Casa 1 -Vila Bocaina
CEP: 09310-500 - Mauá - SP
Telefone/Fax: (11) 3107-6501 - (11) 9-9352-5354
Site: www.letrasdopensamento.com.br
E-mail: vendas@letrasdopensamento.com.br

Impressão no Brasil

Agradecimentos

À Iara Dalenogare, incansável nas estradas do mundo, sensível às dificuldades do próximo, o que soma e faz jus à nossa união. Contribuiu nas dúvidas e revisão deste livro.

Às minhas filhas, Josiane e Sofia, minha filha menor, apesar da pouca idade, autora da capa.

À minha mãe, Zenir, minha fortaleza, a base para as minhas realizações, a segurança para o sucesso desde o começo.

Apresentação da obra

Os ideais deste livro nasceram em meados de 2018, com a intenção de exprimir a realidade das fases da vida com sucesso, com base na experiência técnico-profissional e empírica. O tempo como um relâmpago, a influência negativa para a boa educação e escolaridade. As perspectivas de dificuldades e agravamento não apenas de ordem educacional, mas, infelizmente, de ordem de soberania nacional. No entanto, crédulo da perseverança desta nação, apenas uma pedra a mais no caminho de quem busca e trabalha com dignidade no solo fresco, regado pelo suor dos seus rostos.

No exercício da advocacia por 26 anos, me deparei com as dificuldades e os dramas de clientes, em consequência das questões jurídicas e em diversas situações: profissionais insatisfeitos, a difícil escolha de uma profissão por um jovem ainda às vésperas do vestibular, o bem e o mal do dinheiro na educação, o casamento precoce, o descaso com os bens herdados, as dificuldades do desapego material com a idade avançada e o medo de ser feliz, em virtude das objeções e normas preestabelecidas pela sociedade. Observei o alto índice de problemas de fácil resolução, de situações simples do cotidiano que levam o indivíduo ao desespero, ao estresse, desrespeitando o seu bem-estar emocional, trazendo prejuízos à saúde física e mental.

Considerando a visão de cada um, as escolhas, os projetos de vida, sem a pretensão e a capacidade de esgotar um assunto polêmico, mas inerente a esse tempo e passível de muitas discussões.

Considerando, desde o início da vida, as dificuldades na formação e a consequente necessidade de fortalecimento financeiro. Um equívoco, um grande risco para a reabilitação.

Alertar a sensibilidade do leitor, com relação ao custo-benefício do trabalho, o bem-estar, o desgaste desnecessário, esquecendo-se das fases da vida e da dimensão do suficiente. Visando o resultado prático e objetivo. Por consequência, no futuro, o risco do arrependimento por não ter levado a vida menos a sério, correndo atrás do tempo, sem saber para onde ir e onde chegar, em vez de deixar a vida fluir naturalmente e aproveitar as maravilhas deixadas gratuitamente por Deus. Afinal, após o conforto da vida intrauterina, com o nascimento, vêm as alegrias e aflições do dia a dia. Não desperdice seu tempo, não haverá outra vida, o término com a morte é certo, salvo os mistérios da fé.

A vaidade, o orgulho e a ganância levam a vida ao caos. Deve-se preocupar menos com os rótulos, andar descalço na chuva, conhecer lugares de imaginável beleza divina, onde se eleva a imaginação de quão somos passageiros e se dá importância aos verdadeiros valores: o corpo, a mente e a espiritualidade. Expondo o seu verdadeiro Eu, deixando a vocação do interior de sua alma manifestar-se para as suas realizações. Acredito na minha essência, com este pensamento, manter a tradição desde o berço. Sempre acreditei, desde muito jovem, na minha teoria das três Fases da

Vida com Sucesso, observando as experiências alheias, para não incorrer nos mesmos erros. Para, no futuro, poder contrariar, com segurança, o provérbio popular "*que a vida começa aos 50 anos*"; salvo a vida intrauterina, a vida começa quando nascemos. Chegamos, sem saber de onde e como. Aos poucos nos conhecemos e nos transformamos entre alegrias, tristezas, conquistas e frustrações ao longo dos tempos e, em um piscar de olhos, nos deparamos às portas da velhice.

Enfatizo as oportunidades de boa educação na infância, *formação.* Determinação, coragem, garra e produtividade na segunda fase, *trabalho.* Finalmente, com mérito, os benefícios do *bônus*. A consciência nas decisões a serem tomadas, pensar no futuro sem ansiedade; a Bíblia cita a palavra de Jesus com clareza: "*não andeis inquietos pelo dia de amanhã*" (*Mateus 6:34*). Fortalecer o autoconhecimento, proporcionar e facilitar a livre escolha nas fases da vida.

Eder Pieczykolan

A vida é fugaz.

"Num suspiro responde-lhe: Ai de mim, que vão desejo, que fugaz encanto: os arrastou ao doloroso fim."

Do inferno – Canto V da Divina Comédia, de Dante Alighieri.

Prefácio

Este livro não é uma autobiografia, e sim a tentativa de expor, dividir e contribuir com o que realmente é necessário para programar o futuro em suas carreiras profissionais, com alegria e realização, dando importância ao que de fato interessa para concretizar seus sonhos, direcionando as suas atitudes para o que realmente possa fazê-lo feliz. Acredito que não devemos seguir um modelo específico de sucesso, afinal, saímos de pontos diferentes e onde chegaremos será às custas da trajetória que escolhemos. Dividir experiências que deram certo com o leitor, com exemplos e citações de erros e acertos. Sempre acreditei que é possível uma pessoa de muita inteligência racional desperdiçar seu talento e, ao contrário, uma pessoa com inteligência emocional, determinada, com planejamento, conquistar o mundo. Por isso, escrevo sem a preocupação com questões ideológicas de livros "consagrados" de autoajuda. A experiência de vida com relação aos objetivos traçados que deram certos; a vontade e o desejo, desde que planejados, podem realizar-se, mesmo com a insegurança do impossível.

A prática que idealizei desde jovem – As Três Fases da Vida com Sucesso, sem tragédia, sem drama, consciente das dificuldades da vida, oportunizando a alegria de viver bem.

Na infância, em uma pequena cidade do interior, a vida solta e a criação de pés descalços, onde todos se conheciam, confiança e honestidade prevaleciam naturalmente; os verdadeiros amigos são as pérolas da vida.

Consciente das dificuldades de entendimento e das diferenças de pensamento do ser humano, por todos os tempos; a tentativa da busca do conhecimento do verdadeiro Eu – descobrir a razão da sua existência. Como opção contrária: ter seu pensamento e sua vida voltados para a ganância financeira, acumular bens, sem saber o quanto é necessário e suficiente, restando traumas e frustrações pelo tempo perdido e, por consequência, o risco de saúde precária.

Com todos os tropeços e conquistas do passado, com a mesma coragem de abandonar a carreira de advogado, o propósito firme, confiante no inusitado mundo das estradas, arriscar-me a esse mister, escrever, viajar e praticar a filantropia objetiva, com a intenção de integração social.

Realize seus sonhos enquanto há tempo ou será conduzido à escuridão sem realizá-los.

Eder Pieczykolan

Sonhar é imaginar o que se pretende,
lutar é não desistir para alcançar
o que se sonha e conquista é a realização
pessoal do que se sonhou.

Eder Pieczykolan

Sumário

INTERFERÊNCIA E CONSEQUÊNCIA PARA O SUCESSO

PRIMEIRA FASE - FORMAÇÃO

SEGUNDA FASE – TRABALHO

TERCEIRA FASE – BÔNUS

INTERFERÊNCIA E CONSEQUÊNCIA PARA O SUCESSO

Um livro para homens dignos

A vida é uma viagem a ser seguida com dignidade, caráter e honradez. A busca do sucesso deve ser conduzida por um bom e justo caminho, com consciência do seu próprio valor, intocável e inatingível. Os ensinamentos de berço deverão prevalecer em todas as situações adversas. Não podemos querer alcançar nossos objetivos à revelia do que é correto. Afinal de contas, trata-se de um valor supremo de reconhecimento público, do contrário nada terá valor. Enganam-se as pessoas pretensiosas com atitudes más; enganar a si mesmo, é impossível. No subconsciente do ser humano, não existem cortinas que se fecham para esconder a própria vergonha ou o mal que se faz a si mesmo, tornando-se indigno. Não há meio-termo, não se medem dignidade, caráter e honradez, ou você tem ou você não tem.

Podemos ilustrar com um exemplo notório, por meio de uma metáfora com a velha e maravilhosa pizza, que alimenta dignamente e não faz mal a ninguém. Você sabe qual é a origem da pizza? Alguns dizem que é de origem egípcia a mistura de água com farinha. Outros afirmam que foram os gregos que inventaram. Pela fama, a novidade se confirma italiana. Mas a receita é única: farinha de trigo, água, sal, molho de tomate, queijo e manjericão. Nessa cadeia sucessória da origem da pizza, eu diria que ela se aprimorou definitivamente com o jeitinho equivocado brasileiro. Uma miscelânea de diferentes sabores e variedades, de maneira que lhe foi atribuída, injustamente, uma nomenclatura pejorativa: "tudo acaba em pizza". Você deve estar se perguntando o que a pizza tem a ver com a natureza deste livro. Essa relação figurativa demonstra que é impossível o sucesso em qualquer sentido, considerando as dificuldades de realização, se não houver ética naquilo que se faz.

Como pode haver dignidade na realização profissional, no trabalho, nos vencimentos, se não houver retidão? Por consequência, seu patrimônio conter um centavo contaminado e de origem ilícita.

A educação tradicional nasceu com o descobrimento, o tráfico negreiro pelos portugueses durante a monarquia e, por último, a imigração europeia para o Brasil, no final do século XIX. Uma viagem sem volta, em alto-mar, em busca de novos horizontes, trabalho e dignidade para os filhos. O pioneirismo trouxe contribuição exemplar para o desenvolvimento, da enxada à tecnologia. A produção fez deste país o conhecido celeiro do mundo. No entanto, esta história está escrita com sofrimento, sangue e muito suor de norte a sul do nosso Brasil, por descaso na política e, consequentemente, na educação.

Não bastasse a incompreensão da indignidade do resultado pretensioso dessa mistura saudável, por cinco séculos, uma população basicamente corrupta pela própria natureza. As trocas de favores são incessantes, fortalecidas pelo bordão em rede nacional: "*toma lá, dá cá!*". A corrupção está presente desde as pequenas atitudes no dia a dia, às vezes até mesmo de forma inconsciente se corrompe ou é corrompido. Por exemplo: um simples presente ou um cafezinho, em agradecimento pela prestação de serviço público ou não, que esteja no cumprimento do seu dever, não procede. Cidadãos lotados nos poderes desta aristocrática nação arrotam imparcialidade e viram as costas para a dignidade. Se não a deles, atentam contra a dignidade de seus pais, avós, a memória de seus antepassados. Parecem filhos de chocadeira. Não demonstram caráter, patriotismo pela terra que acolheu seus ascendentes e muito menos temem a Deus.

Eis a razão de a pizza ter sido aperfeiçoada em todos os sabores aqui no Brasil. Considerando sua origem e seu único sabor, a receita pouco importa, a natureza de sua origem muito menos. O que deve prevalecer são a dignidade e a honradez. Entretanto, o que se vê é a conveniência ao flagelo, salvo as exceções, a carreira com dignidade de políticos, empresários e magistrados, amparados pela luz da verdade e retidão da Carta Magna. A estes, a nossa reverência. Ao contrário, os abastados políticos e os senhores ditadores de toga, o enraizamento na corrupção, com processos judiciais a toda prova, sujeitando-se, às vezes, à cassação de seus mandatos e à destituição por *impeachment*. Alimentam-se dos frutos da corrupção em diversas modalidades e sabores, em detrimento da nação.

Afinal, para eles, uma exceção, a exclusão a um prato nobre, a pizza. Urubus alimentam-se de carniça. Mesmo assim, este contribui dignamente com a natureza. O dinheiro ilícito, repito (salvo as exceções) à base do recebimento de propinas de grandes empresários, que também não souberam honrar a sua ascendência. Aqui, com exceção dos indígenas, todos somos estrangeiros. Eis a razão de mais uma peculiaridade, o país do carnaval, onde tudo acaba em pizza. Talvez por isso, existam duas Constituições no País: uma oficializada, para o povo, e a outra baseada em princípios ideológicos, costumes e mau uso dos homens de toga. A Carta Magna, para o povo, é a base para o sustento da máquina institucionalizada. Esta é transparente e a obediência é determinante, sem fugir às suas obrigações. Com a rigidez dos impostos, o leão está sempre à espreita, pronto para devorar qualquer deslize da sua fatigada contribuição. Já a outra constituição, baseada em princípios ideológicos, é oculta, escura em seu interior, a toga faz sombra e esconde o ilícito. A vergonha que não existe daqueles poucos que estão no topo do comando, empunham o cetro e trazem a certeza do descaso à civilidade da população. Isso não é democracia, pois ofende a Constituição Federal sem ter legitimidade, à revelia do presidencialismo. A incompreensão está na constituição de um governo eleito pelo povo, em um regime democrático de direito. Afinal, um governo fascista é liderado por um ditador, o que não ocorre aqui no nosso "ex-império monárquico". É difícil! Viva a República Democrática Federativa do Brasil.

Querem nos fazer compreender o incompreensível, e isso não é justo, é uma ofensa à dignidade, atinge a honra dos homens justos e a inteligência mínima de qualquer ser humano, brasileiro, é lógico. A conta não fecha. Como pode um homem de toga ou um político desses qualquer, ambos assalariados, com a exuberância de um patrimônio injustificável aos olhos da matemática, às cegas. Salvo exceção ou por herança, a duras penas de seus ascendentes, será essa a razão de todos? Ainda assim, a conta não fecha. A apuração da responsabilidade da contabilidade fiscal parece não se importar. É estranho, o leão não morde, ele é manso, nada se faz. Difícil! Um sonho: o rigor da legislação norte-americana.

A pretendida inversão de valores de direito, dos conceitos básicos do homem de bem, não há de prosperar. Manter-se digno e honrado aos princípios essenciais é fundamental para a realização do sucesso que se pretende. Admitamos, o sucesso financeiro não deve estar escorado em uma muleta injusta e fraudulenta. Mesmo assim, os indignos se apoiam nos benefícios escusos, à revelia da consciência. Portanto, saibamos que a honradez está alicerçada na boa educação, que contribui para uma formação digna e resulta em vencimentos honestos, base para a sobrevivência honrada na sua profissão. Certamente, a consciência de retidão para com os seus amigos, familiares, sociedade, enfim, a herança do seu caráter. Atribuo o sucesso a tudo que traga a alegria de se estar bem e a consciência de estar em paz com a vida. A vaidade, o orgulho, a ganância e a desonestidade levam o homem ao caos e ao desprestígio da memória eterna.

Características dos homens de sucesso

Você sabia que atrás de uma pessoa de sucesso, sempre existe um louco? Sim, tenha certeza disso! Sempre há um louco por trás de uma pessoa bem-sucedida. Ele é capaz, valente e perseverante, não teme, ele vence. O sucesso não abraça a falta de coragem, a cobiça alheia, nem mesmo a covardia. Observe! Ele é astuto, reto, honesto, mas sua atitude normalmente é incompreendida. As pessoas de bom coração às vezes não o entendem, mas no seu íntimo o admiram e acabam por respeitar. Em público, sustenta com segurança o que fala, é objetivo, no entanto, sabe ouvir. Quando erra, simplesmente se desculpa. Quando está só, é concentrado. Junto de crianças, brinca como se fosse uma. Na alegria, extravasa, não teme, não se contém e ri em qualquer lugar como se estivesse em sua casa. Na tristeza, é certamente a primeira mão amiga, estende rapidamente sem quase perceber, é instintivo e intuitivo. No trabalho, tem foco e visão estratégica. Eis o resultado da espontaneidade para o sucesso, tudo flui, a determinação empurra para a frente, não vê resistência, o caminho se abre como se todas essas qualificações fossem as exigências da lealdade a *Deus*, somadas aos seus mandamentos. A divindade da natureza, não se sabe por onde, talvez do além, raras exceções o compreendem, como se andasse na contramão. Já outros não o admiram, fazem oposição sem razão, resistem à sua determinação, se oprimem e querem fazer oprimir. Aqui, o desencontro das águas e o encontro do bem e do mal. Mas a razão impera e o bem predomina. A garra é determinante, nada o segura, o supera, é um vencedor. Assim, as atribuições para o resultado nas decisões que teremos que enfrentar no decorrer da vida, com humildade, atrevimento, ética e responsabilidade. Por isso, a segurança nas disposições das alegações de todos os títulos deste livro, como se cada um fosse, individualmente, um pequeno livro conclusivo para cada situação. Não se engane. Por mais simples que pareça ser, cada título pode fazer a diferença para se atingir o sucesso pretendido, no árduo mundo das escolhas que a vida nos apresenta dia após dia. Por trás de cada título, uma experiência, positiva ou negativa faz a diferença, contribui para o sucesso ou o insucesso de alguém. A narrativa da causa e do resultado trará a experiência para esse fim, o que poderá levá-lo ao acerto ou a um novo começo. Não se esqueça! Saber dizer não em determinada situação poderá ser o maior acerto da sua vida. O erro implica em dificuldade, a dificuldade leva ao estresse, o estresse traz a doença, a doença não precavida pode levar à morte. Portanto, entre um sim e um não pode estar o fator determinante para o seu sucesso no futuro.

O Espaço e o Tempo

Já parou para pensar no tempo em relação ao espaço? O que teria a ver o objetivo deste livro com "a teoria revolucionária da relatividade geral", desenvolvida por ***Albert Einstein***, na ciência? Nada. Mesmo porque foge às características deste livro. No entanto, tem a ver com a fácil compreensão, no sentido filosófico e nos termos do vocabulário da língua portuguesa. O tempo é infinito em relação ao espaço, e nós, seres humanos, somos finitos. Buscar o lado filosófico da difícil compreensão da relação entre espaço e tempo não é fácil. Uma fusão, no sentido de demonstrar que a nossa vida é passageira e que as consequências do custo-benefício do que se pretende, neste pequeno espaço de tempo, devem ser consideradas. E, com isso, evitar frustrações e a perda de tempo precioso nas fases de nossas vidas. Afinal, nascemos sem saber de onde viemos e para onde vamos.

A princípio, estamos à mercê dos cuidados dos nossos pais, de acordo com a natureza humana. Ao contrário da mãe natureza, que envolve a terra, tudo provê e se organiza com sabedoria. A exemplo do reino animal, que se organiza na rusticidade de seu habitat de forma natural. Com o nascimento, a vida nos oferece um breve momento no contexto universal, considerando o nosso tempo de vida limitado, na grandiosidade do espaço ilimitado. Tudo se dá de maneira rápida, despertando alegrias, emoções e, principalmente, os deveres de cumprimento de metas e tarefas em todas as fases da vida, para a sobrevivência e a realização pessoal.

Com o passar do tempo, a humanidade aprimorou o convívio em sociedade e as necessidades para a satisfação do bem-estar do ser humano, no tempo relativo e no espaço de cada um. Afinal, a solenidade da nossa despedida é certa, só não sabemos quando. Pensar na vida com relação ao espaço e tempo nos incomoda e nos leva à incompreensão. Quando partimos, deixamos apenas um saldo de contribuição, negativa ou positiva, para a continuidade da vida no tempo dentro do espaço. Prova disso é a dura realidade dos belos cemitérios que, como se fossem majestosos jardins, disfarçam a realidade. Ao contrário, no subterrâneo da romântica cidade de *Paris*, na *França*, uma atração turística macabra exemplifica bem isso. No mundo subterrâneo, as galerias não são as da avenida mais famosa do mundo, a *Champs-Élysées*. As galerias surgiram na retirada de pedras para a construção de igrejas, entre elas a *Notre Dame*, entre 1162 e 1345. Em 1760, por necessidade, utilizaram as galerias, nasceram a Praça do Inferno, as Catacumbas, um ossuário, uma rede de túneis por quilômetros, iluminado com lâmpadas amareladas, com seis milhões de esqueletos expostos, retirados dos cemitérios por superlotação, reunidos por partes, separados na acomodação que convém, uma tíbia aqui, um fêmur acolá. Exposição de crânios humanos, abandonados, sem nome, sem origem; igualmente, as pessoas vivem abandonadas hoje, candidatos ao descaso no amanhã. O conforto, poemas e a identificação de placas de origem dos cemitérios, os corpos vieram, as lágrimas permaneceram. Assim o significado da vida com relação ao tempo e ao espaço, amanhã não seremos nem ao menos estatística.

As grandes descobertas, o desenvolvimento da ciência, de todas as engenharias exatas e humanas, a medicina que prolonga a vida, diminui as enfermidades e contribui para o não sofrimento. Aqui, uma contribuição bonita e extremamente positiva. Enquanto que o maior de todos os males, um exemplo tenebroso, negativo, a doutrina comunista marxista, a esquerda maldita, ambas destrutivas, espalhadas nos quatro cantos do mundo, não contribuem em nada, ao contrário, causam o retrocesso e a desordem no seguimento natural da criação divina.

O tempo e o espaço são os verdadeiros soberanos, mantenedores do universo por todos os tempos. E nós, maravilhosamente, a poeira passageira num ponto azul no espaço, a Terra. No entanto, essa introdução dramática é real e verdadeira. O tempo e o espaço trazem a consciência da importância de cada um de nós no seu lugar e a contribuição para o bem-estar comum, uma contribuição individual, positiva ou não. Com zelo e cuidado na proporção da necessidade do suficiente do bem material, com relação ao que se pretende. É preciso ter consciência de que as realizações não devem ser apenas de caráter pessoal, o interesse na coletividade é fundamental, pois sem ela nada prospera e você também ficará para trás. O olhar deve se voltar para o próximo, longe dos exageros do egocentrismo. Afinal, temos de ter consciência do quanto somos insignificantes com relação à grandiosidade do universo, não há por que ser indiferente, somos pequenos, somos passageiros com relação ao tempo, e, quando partirmos, ficaremos à mercê da espiritualidade eterna em nome de Deus, no espaço ou expostos em uma galeria.

Portanto, em primeiro lugar: em determinadas situações, é melhor esquecer o passado, ele não muda, está feito, foi ontem, resta o aprendizado. Afinal, quando se planta uma árvore frutífera, a expectativa é de boa colheita de frutos no futuro. Em segundo lugar: viva intensamente o presente, buscando antecipadamente os resultados na prevenção do futuro. Dele nada se sabe, mas pode ser influenciado positivamente a seu favor. Então, sempre que pretender alcançar algo, faça uma projeção para o futuro, viaje no fundo da sua imaginação, como se fosse um doce delírio. Quando se alcança o que se pretende, às custas de certo planejamento no passado, torna-se presente.

Com isso, uma nova projeção para o futuro, um novo resultado, torna-se novamente o presente. Assim, ocorre um ciclo vicioso, sucessivo, e não necessariamente negativo. O futuro e o tempo, com relação ao espaço, estão sempre à nossa frente. O tempo de vida é incerto e a única certeza é de que amanhã seremos definitivamente passado. De certa forma, nos resta o eterno agradecimento ao Pai supremo, razão de tudo, que nos deixou na incompreensão dos seus mistérios, o que lhe garante a segurança da nossa fé e, de certa forma, faz verdadeiramente valer a pena.

Enfim, fazemos parte do espetáculo da vida, mesmo com as atribulações de difícil compreensão. As contrariedades e dificuldades que se opõem na suposta caminhada serena, na aclamada terra santa, não são justas. Há uma única oportunidade: a vida! Um exemplo, fora dos interesses da individualidade de cada um, com relação ao tempo, que rasga a compreensão da racionalidade humana até os tempos de hoje. As autoridades das grandes nações do mundo viraram as costas, não viram os acontecimentos, ao longo dos tempos, com relação ao espaço. Os seus ideais de tudo trouxeram "benefícios" negativos, sofrimento e a falta de compreensão para um alinhamento da ordem mundial. Me permitam: fora de qualquer questionamento razoável, às custas da tirania, a falta de planejamento desde todos os tempos, a exemplo os dois últimos milênios, com o início do Império Romano, ***Otaviano Augusto*** (63 a.C. - 14 d.C.). Chegaram a fronteiras distantes, considerando-se as dificuldades da época, em busca do domínio, com o fortalecimento das construções de seus castelos em todos os lugares, a toda prova. Mais tarde, entre os séculos XIV e XVII, a tentativa de moderação, a dignidade do ser humano com o movimento Renascentista, às custas da cultura e das artes, a reutilização da estética greco-romana. Um alento momentâneo ao equilíbrio, com a iniciativa privada da família Médici, cidadãos comuns, não monarcas, homens inteligentes, sábios e ricos. A dinastia que fez de Florença, na Itália, o berço do Renascimento, e a conscientização das grandes potências da necessidade de prevalecer a razão e a paz entre os homens não foram suficientes. Os conflitos entre as potências europeias continuaram e, no início do século XX, acabaram por descarrilar as máquinas da morte, o início da Primeira Guerra Mundial. Não bastasse, a Segunda Guerra Mundial, sob a direção de um certo apátrida, um débil mental, renego suas ideias e a citação do seu nome por todos os tempos, fez milhões de mortos. Dentre tantas situações catastróficas, podemos citar o exemplo do descompasso da sensibilidade com a vida humana, o campo de concentração da morte, em *Auschwitz,* próximo à cidade de Cracóvia, na Polônia. Recusei-me a visitá-lo, pelo sofrimento das vítimas, não me parece ser justa a lembrança, fazer turismo em um local onde tantas pessoas sofreram, inclusive descendentes. Em Budapeste, outra prova negativa e infeliz em derramamento de sangue, a espinha dorsal da Europa, o Rio Danúbio, onde, covardemente, os judeus eram assassinados pelos nazistas, às margens do rio, descalços, os sapatos ao lado, talvez o aproveitamento vergonhoso do valor de poucas cifras, em detrimento da vida de origem judaica.

Por último, na tentativa de um novo império aristocrata, a hipocrisia chegou à luz, em um pensamento tardio e hilário, a frágil União Europeia, uma das principais forças políticas e econômicas, após a Guerra Fria. Desde o passado, há séculos, não se aprende com as guerras, que sucederam nos quatro cantos da Europa. As catástrofes não contribuíram para uma vida melhor e mais digna para os povos. Agora, às custas da fragilidade econômica, com diminuição da exploração dos países colônia, devido às suas independências, a União Europeia rende-se ao se unir a países-membros em busca de fortalecimento. E hoje, pasme, as fronteiras abertas, com a livre circulação de bens entre os aliados, onde antes se derramou muito sangue entre os mesmos compatriotas, como um último suspiro para recuperar suas economias fragilizadas, talvez suprimida e abafada pelas almas de milhões de vidas que foram ceifadas, sem entenderem a razão de tudo que aconteceu no passado. Não bastasse a ação do tempo, a perda da oportunidade de arrependimento pelos equívocos e a falta de aprendizado na conscientização e necessidade de ajuda ao próximo. Agora, os credores são as almas que não partiram, as lágrimas que ficaram, como se comprometessem o sistema econômico europeu, esqueceram os tiranos que os bons sempre serão lembrados, em qualquer tempo e espaço, a vida se renova.

Não admitem a necessidade do bem a ser feito pelo mundo, a desigualdade social é indiscutível. No entanto, as questões de domínio e força entre os continentes são visíveis, não mais territoriais, salvo pequenas exceções, o poderio econômico e armamentista sobrepõe todas as necessidades das grandes potências. Não dão conta de zelar a Terra e querem chegar em Marte. Esquecem, definitivamente, que a falta de educação das nossas crianças de hoje, certamente fará os homens sofridos e novamente punidos no amanhã. A intervenção política nos desajustes da ignorância, através dos tempos, contribuiu de maneira negativa para o sucesso, tirando a oportunidade única de milhões de pessoas de simplesmente viver. Não fizeram nenhuma relação do tempo no espaço, para pouparem vidas inocentes.

Passado

Em defesa do objetivo singular da Teoria do Suficiente Financeiro, que proponho no decorrer deste livro, um breve paralelo devido à coincidência de ideias: considerando a grandiosidade do seu pensamento e de suas obras, o filósofo e orador irlandês ***Edmund Burke*** (1729-1797), que viveu em Londres e fez parte do parlamento, reconhecido como o fundador do conservadorismo moderno, independente, liberal, não reacionário, mostra a necessidade e a importância do passado para a realização do futuro. É considerado conservador nos costumes e progressista na política, porém com reserva na ideologia filosófica. Chamou a atenção dos mais conceituados pensadores de todos os tempos, reconhecido por *Kant* e *Dettiperro.* Critica a velha política, a corrupção e prevê desastres que são atuais até os dias de hoje. Diz: "(...) torna-se uma associação não somente entre aqueles que estão vivos, mas entre os que vivem, os que estão mortos, e os que ainda estão por nascer. Não se pode desprezar o passado, deve-se valorizar tudo que vem do passado. A sociedade deve fazer reformas e não desprezar o passado. Tudo é como é, devido à tradição das coisas do passado. Não aceitar o passado, esquecer do passado, é como ser mosca de verão, passageira. Estamos aqui devido gerações e gerações que passaram". Para ***Burke***, dependemos dos que morreram, dos que estão vivos e dos que ainda virão. Reforça a importância do passado, nos seguintes conceitos, cujo conteúdo é sintetizado pelo tempo e adaptado pelos estudiosos:

> ***"Um estado sem meios de transformação é um estado sem meios de conservação".***

E é notoriamente consagrada, de forma também sintetizada, a célebre frase, como escudo da sua história: "O indivíduo é tolo, e a espécie é sábia".

Muito se fala com descaso do passado, bordões, chavões, são dezenas em depreciá-lo. De fato, não se vive no passado. No passado estava a certeza de que naquele determinado tempo, que era o presente, estava a oportunidade de planejamento em todos os sentidos do que se pretendia para o fortalecimento no futuro.

Ei, você! Neste instante, você tem a certeza de estar de qualquer forma voltado para o seu futuro, independentemente da fase da vida que estiver. Se *na primeira fase* – formação: voltado para a conclusão de seus estudos, na expectativa do trabalho. Se estiver *na segunda fase* – trabalho: a expectativa do êxito, realização sobre a escolha planejada que fez, com o pensamento voltado para a constituição de sua família. E, se estiver *na terceira fase* – bônus: que fez com o pensamento fortalecido, seguro e com os olhos na realização do merecido descanso. Em qualquer momento ou fase que estiver, amanhã, todas as questões serão passado, talvez com o mesmo pensamento de conclusão do que se pensava ontem, e assim sucessivamente.

A vida é como a base da estrutura de uma edificação de construção civil. Desde o início, é necessário planejamento, cálculo e projeto para o início da edificação. Por isso, a sustentação da base para o sucesso está na educação e na escolaridade, adquiridas no passado. Tudo contribui desde a infância, que certamente se torna passado, o que se leva é o ganho do aproveitamento daquele momento para o sucesso pretendido no futuro e nas fases seguintes da vida. Porém, com todo o cuidado da livre escolha e planejamento para o possível sucesso no futuro. O que se faz no passado serve de aproveitamento útil para o futuro. É o momento da edificação estrutural da personalidade para, com determinação, brilhar reluzente no futuro, na avenida principal, o prédio imponente no seu tempo para o cumprimento do seu papel na sociedade, servir. A boa estrutura física edificada no passado, agora ampara a boa formação, acolhe o homem das intempéries. Cada um no seu papel, a edificação e o homem seguem em frente, individualmente, firmes no seu caminho. Mesmo que com possibilidade de sofrer possível abalo, mas consciente da boa estrutura e da base da educação no passado, não teme. A formação do passado age em benefício da superação necessária à reestruturação. No passado está o reflexo da garantia do possível sucesso no futuro.

A história demonstra claramente os benefícios do passado, tudo gira em torno da transformação, material e humana. Não há que se demonstrar o contrário com adversidade de revanchismo ao patrimônio, à cultura e à educação, sob alegação de não ter sido de maneira correta ou leal. Mas, sim, admitir que foi por meio de erros e acertos que chegamos ao ponto em que estamos agora, no presente. A crueldade, a guerra, o preconceito racial e religioso contribuíram para a transformação, não devem ser desconsiderados nem podem ser mudados. Queira ou não, é o que temos e o que fez parte da história. Aproveitar esses benefícios do passado, mesmo que equivocados, é ter conhecimento para se evitar novos erros, é o reflexo. A incompreensão do homem percorre ao longo dos séculos caminhos sinuosos e continuará dessa forma, os insatisfeitos de mãos dadas com o mal. O presente de hoje será passado amanhã e não virá à luz da perfeição pretendida, a não ser pela vontade do Supremo Deus. Infelizmente, o homem não quer aprender com o passado, que tanto contribui para o aperfeiçoamento em seu próprio benefício. Não percebe e erra demasiadamente. Criticar e fazer oposição é fácil, ajudar a resolver o que diz ironicamente estar errado, através da contribuição incontestável do passado, seria, no mínimo, razoável. Já está pronto, houve um amadurecimento através de divergências e virtudes contrárias de ideias, nada é e foi por acaso, mas sim por consequência de diferença de opinião e pensamento. Portanto, um benefício pacificado, basta aceitar. Com a evolução, nascem novas situações de relação cultural e ambiental nunca vistas antes, surgindo a necessidade de aperfeiçoamento para a regularização desse novo fato, dessa nova situação. Assim, nascem as novas e tão discutidas leis, que regerão esse novo entendimento sobre o que se demonstrou diferente do que se tinha no passado, uma necessidade justa de adequação em benefício da sociedade. Aqui, corrobora a citação da essência da filosofia *burkeana*:

> ***"(...) e desejamos ainda derivar do passado tudo que possuímos, como uma herança legada pelos nossos antepassados. Sobre***

o velho tronco de nossa herança, tivemos cuidado em não enxertar nenhuma muda estranha à natureza da árvore primitiva. Todas as reformas que fizemos foram realizadas a partir de referências ao passado; e espero, ou melhor, estou convencido de que todas as reformas que possamos realizar no futuro, estão cuidadosamente construídas sobre precedentes análogos, sobre a autoridade, sobre a experiência".

Em síntese, a essência do pensador irlandês é atual, traz à luz as diferenças dos pensamentos tradicionais para os dias de hoje. Defendeu com paixão a justiça pelo equilíbrio da ordem pública e da liberdade. Com clareza, mostra a incompreensível falta da dignidade e da verdade do direito social do homem, que não cultiva a tradição e infringe o prazer da satisfação pessoal e ideológica de contraventores radicais. Aqui, no Brasil, introduzidos no sistema de ordem pública, à revelia dos interesses da vontade da nação. Quiçá, a verdade de suas palavras ecoará do céu irlandês trará a verdade da sua alma, a justiça do passado, alicerçado em seus conceitos, para o mínimo de honradez, não a monarquia inglesa que fez entender, mas aqui, em terras tupiniquins. ***Burke***, em resumo, diz que a sociedade deve fazer reformas e não desprezar o passado. No entanto, soma-se ao seu conceito o nosso entendimento de que se devem manter a tradição da educação e os princípios da família que surgiram no passado pela hereditariedade. É razoável e justo para a dignidade das pessoas sérias de bem, à alma das extintas e às poucas pérolas em extinção.

A pérola do século XX

Um homem de ferro, a pérola do século XX, nascido em meados do século passado, hoje velho, talvez! Acomodado, jamais. Com experiência de valor inestimável, uma raridade, ao tom do *whisky* escocês mais caro e raro do mundo, *The Macallan*. Observe estes questionamentos com atenção e, ao final entenderá o porquê dessa exposição emblemática neste título:

– O que fizeram com aquele homem bravo, trabalhador, que conseguiu educar seus filhos mesmo sem estudo?

– O que fizeram com tamanha divergência de comportamento, que nos traz boa recordação da escola, uniformizados de camisa branca e calça azul-marinho, em detrimento da boa educação?

– O que fizeram com a tradição do velho fogão de lenha, que nos leva para longe na lembrança dos passeios de domingo, na casa dos nossos avós?

– O que fizeram, por falta de sensibilidade, com o final dos bailes nos clubes tradicionais, acompanhados por belos jantares à meia-luz, ao som de *Louis Armstrong*,

Frank Sinatra e marchinhas de carnaval, com um brinde em homenagem ao deus do vinho, *Baco*?

– O que fizeram com o sabor da rusticidade da noite, das belas boates embaladas pelo som do *rock and roll,* que faz lembrar a deusa do amor, *Afrodite*?

– O que fizeram com o glamour de se abrir a porta de um *Cadillac* para uma dama e a considerável gentileza vista no encanto à moda dos atores *Gene Kelly* e *Debbie Reynolds*, no filme *Cantando na chuva*, de 1952?

– O que fizeram com o tempo, que parecia durar uma eternidade, se via a suavidade na amizade e o bate-papo tímido no portão?

– O que fizeram com tudo, o que fizeram com o mundo? A vida nunca foi fácil em tempo nenhum. Muitos são os fatores que intervieram para a evolução do comportamento do ser humano em todos os tempos, através dos séculos. No entanto, a mudança no comportamento do homem na virada do século XX para o século XXI é, no mínimo, assustadora e decadente.

– A causa terá sido o surgimento da informática, que diminuiu o tempo, pois não se frequenta mais a biblioteca, que levava a criança à leitura do bom e clássico livro?

– A causa terá sido a tecnologia, que simplesmente substituiu o velho fogão por revanche da nova geração por não ter mais, em razão do tempo, os seus avós os detentores da fórmula da boa educação?

– A causa terá sido a influência de métodos subversivos, que abreviam o conteúdo, com reflexo negativo, à revelia dos bons costumes, na boa e velha educação?

– A causa terá sido a influência da velha política, infiltrada nos bastidores do mundo ao longo dos anos? Após a Segunda Guerra Mundial, os nazistas permaneceram ativos, com mentalidade marxista e o manto sujo de sangue sobre os ombros dos comunistas, à revelia da deusa do direito, *Têmis*, que, talvez, por estar de olhos vendados, nada viu.

– A causa definitiva terá sido a introdução da mentalidade marxista, por via da nova cartilha maligna da educação no Brasil varonil, com reflexo a ponto de ter de aceitar a politização de esquerda com incentivo à violência, invasões de terras privadas, indo contra a crença religiosa; exposições de arte e cultura para crianças, em espaço público, motivando movimentos idealistas, diversidade de gênero e pornografia no balanço de homens nus, distorcendo, assim, o conteúdo da educação para a submissão? Um laboratório que não só influenciou toda uma geração neste período vermelho, como trouxe a desconstrução da educação.

No entanto, com tantas adversidades contrárias aos bons costumes, em meados do século passado surgiu um novo homem, um novo tempo, uma nova música, talvez embalado pela nostalgia do movimento de liberdade e do festival *Woodstock*. Liberdade! Avante com determinação como um jovem neófito, como um principiante que desabrocha a cada amanhecer. Independente, trabalha desde muito cedo, é um vencedor. Nunca se viu antes grandiosidade, ternura e sapiência como nesse velho homem, que está às vésperas do fim. Se vestido de terno ou calça jeans, não importa. Generoso, educado, determinado e com respeito ao próximo. Ao contrário do homem do século XXI. A incompetência é vista desde os bancos escolares, sentados no chão, em sinal de rebeldia. Sempre na contramão dos bons costumes, idealista sem causa, a controvérsia é o seu forte. Se opõem a tudo, não fazem e não deixam fazer, se opor ao bem feito é o seu objetivo: a esquerda. Assim, impera a desordem, o desequilíbrio social, em todos os tempos, nunca houve tamanha diferença de comportamento, foge à razão e aos bons costumes. Contudo, considero essas duas frentes, o bem e o mal, contribuir com o pensamento e experiência ao molde do velho costume, a tradição. A tentativa de conduzir um caminho reto para as realizações pretendidas, com menos erros e equívocos.

Em especial, aos olhos do jovem estudante, a quem pretendo a leitura deste livro. Pergunte-se! O porquê desse questionamento quase que paternalista, neste título, como se fosse em detrimento desta nova geração. Digo absolutamente que não é isso, há o entendimento de que cada um de nós tem o seu próprio tempo e veio de lugares e culturas diferentes. No passado, a educação era curta e rígida. Em casa ou na escola, um puxão de orelhas era inevitável, sem, com isso, alterar o comportamento natural ou trazer o mínimo constrangimento para a educação da criança. A educação era rígida, mas não tolhida de liberdade e com muita descontração. A exigência valorizava o respeito e a obediência aos pais. Aprendia-se a ouvir e a ser ouvido. Na consciência dos pais, a certeza de que a proteção excessiva não faz bem, é a razão da insegurança do filho no futuro. Contudo, os resultados são visíveis na diferença da determinação e objetividade do homem do século XXI. A falta de direcionamento adequado do jovem de hoje é, certamente, o homem inseguro de amanhã. Por isso, a rigidez como se fosse um método consciente da velha e tradicional educação, a certeza do preparo do filho para a dificuldade do futuro que certamente encontrará. Assim, com esse pensamento de forma organizada, o fortalecimento sistemático traz a lógica do caráter na formação desse homem de ferro, a pérola do século XX.

O novo homem do século XXI

O jovem do século XXI sofre demasiadamente com a mudança dos métodos da educação escolar, que, somados aos interesses da política ideológica, não resistiram à manutenção da educação tradicional dos velhos e bons costumes familiares e sociais. É naturalmente apático, indisciplinado, não se incomoda em manifestar um bom-dia no amanhecer, uma boa-noite ao anoitecer ou um simples pedido de bênção aos seus pais ao se deitar. É indiferente ao aconchego familiar, disperso, pois com o celular nas mãos tudo está bem e resolvido. Como consequência dessa transformação, houve alteração de comportamento, se isola e parece perder a determinação, a vontade pelos sabores da vida, ao contrário da geração do século passado, que era irreverente, mas da bênção aos seus pais não se desfazia. A amizade se fazia naturalmente, na cidade, a grife que se usava não importava, para jogar bola não havia necessidade de matrícula em escola especializada, os craques nasciam jogando bola na rua ou no campinho de futebol da esquina. No mato, o doce orvalho, a simplicidade do interior era motivo de orgulho, era a razão da altivez, era a certeza da sustentação da personalidade e do equilíbrio firme para o futuro. A educação parecia fluir naturalmente, não havia rótulos, a velha televisão em casa, a bola no pé do moleque, a boneca na mão da menina, a festa estava feita, era o que bastava. Não se imaginava a sensação da brevidade do tempo ou de alternativas casuais, atualmente conhecidas como os efeitos do que supostamente é bom, ao contrário, os celulares, meios de comunicação, que contaminam o direcionamento reto. Com o avanço da tecnologia, o comportamento tradicional não se manteve, tudo mudou. Agora, nos novos tempos, a inversão dos valores e dos bons costumes é unânime, um problema psicossocial. Fala-se muito sobre o assunto de métodos na escola fundamental, mas, na prática, nada se resolve, a fila anda e o esculacho na educação permanece. A dificuldade impera na educação familiar e no ensino, os interesses são outros, a prioridade é diferente. O que contribuiu foi a intervenção *freiriana,* a mistura premeditada da política com a educação trouxe o descaminho da formação do jovem estudante e, consequentemente, o desequilíbrio da família brasileira.

Contudo, ao contrário, a necessidade trouxe o surgimento de muitos métodos pedagógicos, como se pedissem socorro para estabilizar o ensino. Na sequência da tentativa da introdução do método construtivista, muitos pedagogos se destacaram na sustentação e no desenvolvimento do lúdico. Entre tantos, em defesa da educação infantil, comenta ***Marceli D'Andréa Santos***: "O ato de brincar remonta as sociedades primitivas e não se constitui privilégio do ser humano, sendo possível constatar sua presença até mesmo entre os animais. (*Huizinga,* 1980). Essa constatação irrefutável corrobora com a vasta literatura existente que evidencia o lúdico, o brincar como inerente à atividade infantil, considerando todas as suas dimensões e expressões para não perder a vista a complexidade do ser criança. Descartar o jogo, o brincar da atividade humana, significa ignorar a presença do lúdico desde as mais remotas civilizações". Segundo *Huizinga* (1980), "o jogo é fato mais antigo que a cultura". *Marceli* reforça o nosso conceito da manutenção da educação tradicional, com zelo, ao contrário do nosso ataque direto à concepção construtivista, com conotação política e crítica ao capitalismo, com visão marxista. A nossa compreensão é de que quem manda na sala de aula é o professor.

Marceli consagra o nosso entendimento quando afirma que: "A imagem de criança que temos atualmente difere radicalmente da imagem vinculada no século passado".

A manutenção da tradicional metodologia pedagógica do lúdico na adolescência surgiu no século XVI, em Roma e na Grécia, se estendeu tradicionalmente no Brasil, com os portugueses e indígenas, até os dias de hoje. As brincadeiras proporcionam a facilidade para o aluno nas matérias, contribuiem no aprendizado e na socialização da criança. Em casa, na rua, aprendem brincando sobre as dificuldades que encontrarão na vida. Na escola, atividades lúdicas trazem melhores resultados na assimilação enquanto brincam e se divertem, conhecimento que fortalecerá sua vida profissional no futuro. Considerando que a vida é breve, imaginemos a infância e a adolescência! Portanto, o ensino lúdico vem contribuir e fortalecer todas as fraquezas adquiridas pela transição dessa nova geração. A atenção é necessária e a oportunidade de novas reflexões é evidente.

E, mais recentemente, em vigor o projeto de inteligência, com o método da inteligência multifocal, que é, basicamente, uma teoria que busca o conhecimento por meio da consciência da ação do Eu na própria mente, analisando de maneira crítica o que acontece ao nosso redor, interagindo, pensando antes de agir, tomando decisões com mais acertos, em nosso benefício e de outras pessoas. Com isso, ao poder ver a vida por todos os lados, os impactos negativos, as frustrações e as emoções ruins serão sabiamente absorvidos. Traz o equilíbrio no tripé das emoções, pensamento e ações, com o objetivo de resultado pessoal e profissional, assunto do livro ***Inteligência multifocal,*** de autoria de ***Augusto Cury*** (1998), no qual o autor afirma que "A teoria multifocal do conhecimento, como o próprio nome expressa, é uma teoria abrangente, que inclui diversas teorias que se inter-relacionam no campo da psicologia, filosofia, educação".

No entanto, observa-se o caos da educação pela valorização excessiva do alinhamento dessa distorção por métodos diversos que se inter-relacionam, não corroboram definitivamente, ao contrário, parece-me fortalecer ainda mais a insegurança já estabelecida no jovem estudante do século XXI. O exagero de métodos na tentativa de superação paira no ar, como se fosse uma neblina; tudo parece obscuro e nada evolui, prevalece o desinteresse.

Aqui, não nos cabe a intenção de agredir, absolutamente, qualquer dos métodos de ensino atuantes, a certeza da tentativa de melhores resultados, mas, sim, demonstrar a pretensão maliciosa da concepção de conhecimento pregada por Paulo Freire, espelhada no psicólogo suíço Jean Piaget, da década de 1920, e, principalmente, segundo o conceituado PhD em história da América Latina, David Gueiros Vieira. Vejamos:

A verdade e a farsa de Paulo Freire, por David Gueiros Vieira

Não há o que comemorar!

Há plágio e desvio filosófico de Paulo Freire ao método do missionário protestante norte-americano Frank Charles Laubach.

As cartilhas de Laubach foram copiadas pelos marxistas em Pernambuco, dando ênfase à luta de classes. O autor dessas outras cartilhas era Paulo Freire, que emprestou seu nome à "nova metodologia" como se a ela fosse de sua autoria.

O Método Laubach de alfabetização de adultos foi criado pelo missionário protestante norte-americano ***Frank Charles Laubach*** (1884-1970). Desenvolvido por Laubach nas Filipinas, em 1915, subsequentemente foi utilizado com grande sucesso em toda a Ásia e em várias partes da América Latina, durante quase todo o século XX.

Em 1915, Frank Laubach fora enviado por uma missão religiosa à ilha de Mindanao, nas Filipinas, então sob o domínio norte-americano, desde o final da guerra EUA/Espanha. A dominação espanhola deixara à população filipina uma herança de analfabetismo total, bem como de ódio aos estrangeiros.

Com o auxílio de um educador filipino, Donato Gália, Laubach adaptou o alfabeto inglês ao dialeto *moro*. Em seguida adaptou um antigo método de ensino norte-americano, de reconhecimento das palavras escritas por meio de retratos de objetos familiares do dia-a-dia da vida do aluno, para ensinar a leitura da nova língua escrita. A letra inicial do nome do objeto recebia uma ênfase especial, de modo que aluno passava a reconhecê-la em outras situações, passando então a juntar as letras e a formar palavras.

Utilizando essa metodologia, Laubach trabalhou por 30 anos nas Filipinas e em todo o sul da Ásia. Conseguiu alfabetizar 60% da população filipina, utilizando essa mesma metodologia. Nas Filipinas, e em toda a Ásia, um grupo de educadores, comandado pelo próprio Laubach, criou grafias para 225 línguas, até então não escritas.

Na América Latina, o Método Laubach foi primeiro introduzido no período da 2ª Guerra Mundial, quando o criador do mesmo se viu proibido de retornar à Ásia, por causa da guerra no Pacífico. No Brasil, este foi introduzido pelo próprio Laubach, em 1943, a pedido do governo brasileiro. Naquele ano, esse educador veio ao Brasil a fim de explicar sua metodologia, como já fizera em vários outros países latino-americanos.

A visita de Laubach a Pernambuco causou grande repercussão nos meios estudantis. Ele ministrou inúmeras palestras nas escolas e faculdades – não havia ainda uma universidade em Pernambuco – e conduziu debates no Teatro Santa Isabel.

Houve também farta distribuição de cartilhas do Método Laubach, em espanhol, pois a versão portuguesa ainda não estava pronta.

Naquele ano de 1943, o Sr. Paulo Freire já era diretor do SESI de Pernambuco – assim ele afirma em sua autobiografia –, encarregado dos programas de educação daquela entidade. No entanto, nessa mesma autobiografia, ele jamais confessa ter tomado conhecimento da visita do educador Laubach a Pernambuco.

Concomitante e subitamente, começaram a aparecer em Pernambuco cartilhas semelhantes às de Laubach, porém com teor filosófico totalmente diferente. As de Laubach, de cunho cristão, davam ênfase à cidadania, à paz social, à ética pessoal, ao cristianismo e à existência de Deus.

As novas cartilhas, utilizando idêntica metodologia, davam ênfase à luta de classes, à propaganda da teoria marxista, ao ateísmo e a conscientização das massas à sua "condição de oprimidas". O autor dessas outras cartilhas era o genial Sr. Paulo Freire, diretor do SESI, que emprestou seu nome a essa "nova metodologia" – da utilização de retratos e palavras na alfabetização de adultos — como se a mesma fosse da sua autoria.

A artimanha do Sr. Paulo Freire "pegou", e esse método é hoje chamado Método Paulo Freire, tendo o mesmo sido apadrinhado por toda a esquerda, nacional e internacional, inclusive pela ONU.

No entanto, o método Laubach – o autêntico – fora de início utilizado com grande sucesso em Pernambuco, na alfabetização de 30.000 pessoas da favela chamada "*Brasília Teimosa*", bem como em outras favelas do Recife, em um programa educacional conduzido pelo Colégio Presbiteriano Agnes Erskine, daquela cidade. Os professores eram todos voluntários. Essa foi a famosa Cruzada ABC, que empolgou muita gente, não apenas nas favelas, mas também na cidade do Recife, e em todo o Estado.

Com isso, enfatizamos o enfraquecimento da educação com a transição do século XX para o século XXI, em que se fez uma salada na educação, o que gerou instabilidade emocional no jovem estudante e, com tantos métodos, trouxe a insegurança e fortaleceu o desequilíbrio. Com doses homeopáticas, buscam um caminho degenerativo da psiquê, como se a mente em formação fosse como uma simples conta exata de matemática, e, assim, a insegurança prevalece. A conta não fecha, o caminho se deturpa e, com a instabilidade, o jovem estudante, sem culpa, paga o preço.

A transição daqui para frente deve ser lenta, com naturalidade. A tentativa do acompanhamento da tradicional educação escolar, com o professor em pé e o giz em uma das mãos, com as regras básicas do passado, somada à aprendizagem cooperativista, mantendo a ordem e o respeito, com a aceitação natural da evolução, também tecnológica. Aliás, nos colégios do passado, alunos eram cooperativos, as carteiras eram grudadas, mais sociável impossível, a professora com a régua na outra mão, a socialização era certa. A tradição deve ser aconchegada, sem grande alarde; ocorrendo com isso, a tentativa de se evitar um escândalo e prejuízo ainda maior na educação. Não resta alternativa. Devemos, sim, incluir nos métodos a tradição na educação e não estratégia. O jovem estudante, de fato, não tem os mesmos cuidados dos jovens do passado, mas estamos falando de educação, e não de um filme de espionagem. Essa aventura já ocorreu com intervenção no passado, na concepção construtivista, trouxe a insegurança para o fortalecimento social, educativo e cultural. Consequentemente, o risco da instabilidade na formação profissional. Isso, *a posteriori*, somado ao assistencialismo, trouxe a morte da esperança. A instabilidade gera insegurança, que, por sua vez, traz a indecisão na escolha adequada da profissão no futuro, resulta no descontentamento e acaba por abalar a inteligência emocional, o pilar para a garantia do sucesso no futuro. A negligência na base da educação ceifa os frutos pretendidos pelo jovem promissor, restando a decadência e a frustração dos sonhos.

Roubaram a minha infância

Com a introdução na pré-escola da criança aos quatro anos de idade, roubaram sua infância, a suavidade da melhor idade infantil. Não houve êxito nessa transição, porque ocorre à revelia da vontade. Talvez, por isso, a forte exposição ao método lúdico, para compensar e equilibrar a educação infantil. A inclusão da criança na escola com pouca idade diminui o tempo dos sonhos, perdendo-se, assim, o melhor momento da infância. Isso traz consequências na adolescência e prejuízo na estabilidade emocional no futuro. Essa antecipação leva o aluno à conclusão dos estudos demasiadamente cedo. Com isso, o reforço, a manutenção da educação tradicional relativa aos costumes deve ser mantida, somada às novas necessidades, e a exposição dos métodos deve ser controlada passo a passo. Ao leitor da velha geração, volte seu pensamento para o passado e pergunte-se: O que eu estava fazendo com a idade dos meus filhos? A transformação e o tempo são inevitáveis, andam sempre juntos, porém, não é certo destruir os encantos da infância de uma criança, o amadurecimento lento é justo, o aprendizado não. Esse estresse de que tanto se fala foi implantado, transferido pelos próprios educadores e pais, devido à modernização que isentou a responsabilidade. No Brasil, a Constituição de 1988 contribuiu e fortaleceu positivamente com o ingresso da mulher no mercado de trabalho, assim como aos cônjuges. Como reflexo, os filhos ficam à mercê dos avós, secretárias ou educadores. Com isso, ocorre o aumento da isenção da responsabilidade sobre a educação. A distância dos pais em relação aos filhos resulta na rebeldia e na má-formação. O prejuízo está exposto, os cuidados na manutenção dos limites são indispensáveis para a boa educação e o aconchego familiar, do contrário, no futuro haverá dificuldade de enfrentar as frustrações com naturalidade.

Entretanto, os resultados são visíveis na diferença da determinação e objetividade do homem do século XX com relação ao homem do século XXI. A conservação da educação, moldada suavemente na transição deste século, restabelece os limites que se perderam. Admitimos não ser uma missão de fácil execução, porém um sonho, uma meta possível, se pretendida, a inclusão da criança na escola aos sete anos, como no saudoso, agora, passado. É de conhecimento dos ilustres educadores que os impérios se alternam ao longo dos séculos. A intenção, uma semente no solo ácido da educação, uma pitada dos costumes dos anos dourados, oportunizará a estabilidade no ensino escolar, proporcionando a esta geração do século XXI, no futuro, o mínimo de possibilidades na difícil concorrência do trabalho graduado e informal. Restabelecer o equilíbrio emocional, gerado por tantos desajustes dos maus intencionados ideológicos que profetizaram intencionalmente a desordem social, somada ao assistencialismo. Nessa ótica, o acompanhamento dos pais até os sete anos de idade de seus filhos seria a mola propulsora para a obtenção do sucesso almejado, levando à compreensão da necessidade de que o futuro depende, de maneira exclusiva, da regularidade em todas as fases. Desde o início, a seriedade na formação por consequência, a possibilidade de êxito profissional no futuro.

Lugar de criança com a idade apropriada é na escola, ao contrário disso, o método lúdico sempre foi praticado em casa, a criança brincando descalça, correndo ao encontro natural do equilíbrio de suas necessidades intelectuais. Na floresta, os animais não são cerceados do aprendizado necessário para o seu desenvolvimento; ao lado de seus pais, a sua sobrevivência exige os próprios tropeços para adquirir segurança. Com a ida da criança cedo demais para a escola, descarrilou no que se vê, a insegurança, oportunizando o adolescente aos trinta anos em casa, a incompreensão dos pais. Inverteram-se os papéis. Na infância, saem cedo demais de casa para a escola, e, quando adultos, buscam o aconchego atemporal em casa.

A intervenção da política na educação

Com a chegada do século XXI, as portas foram abertas para o surgimento do novo homem, e a transformação foi gradativa e inconsciente. Os efeitos ocorreram aos poucos e de maneira silenciosa, como plantar uma árvore frutífera, zelar e acompanhar o seu crescimento. Por coincidência ou não, com o reflexo da virada do século, as frutas estão no ponto, aptas à colheita, assim como os novos jovens estão prontos para serem usados nas pretensões ideológicas da esquerda. A introdução da suposta metodologia construtivista de Paulo Freire foi um prato cheio para o início do fim da educação tradicional no Brasil. Não se criou a metodologia em benefício da educação, criou-se, sim, um veneno. A influência política no conteúdo da metodologia teórica construtivista viria a confirmar a intenção destrutiva da educação escolar tradicional e, por consequência, o estrago feito na cultura. Como resultado final, todos alheios à conspiração arquitetada pela esquerda nas últimas décadas, que trouxe a intromissão indesejada na política e no sistema socioeconômico, claro como água cristalina. Essa intromissão gerou instabilidade na democracia e o consequente surgimento da dificuldade e frustrações para a educação do Novo Homem do século XXI.

Vejamos a pretensão que descarrilou a interferência na educação: logo no início do livro *Pedagogia do Oprimido,* de ***Paulo Freire*** (1970): "a pedagogia dominante é a pedagogia das classes dominantes. Os métodos da opressão não podem, contraditoriamente, servir à liberdade do oprimido. Nessas sociedades governadas pelos interesses de grupos, classe e nações dominantes, a 'educação como prática da liberdade' postula, necessariamente, uma 'pedagogia do oprimido'. Não pedagogia para ele, mas dele. Os caminhos da libertação são os do oprimido que se liberta: ele não é coisa que se resgata, é sujeito que se deve autoconfigurar responsavelmente. A educação é incompatível com uma pedagogia que, de maneira consciente ou mistificada, tem sido prática de denominação. A prática da liberdade só encontrará adequada expressão numa pedagogia em que o oprimido tenha condição reflexivamente, de descobrir-se e conquistar-se como sujeito de sua própria destinação histórica. Uma conduta tecida com a trama da dominação, por mais generosos que sejam os propósitos de seus educadores. É barreira cerrada às possibilidades educacionais dos que se situam nas subculturas dos proletários e marginais". E, assim, por concluir a sua justificativa a necessidade dos seus ideais com o seu "método", diz: "Ao contrário, uma nova pedagogia enraizada na vida dessas subculturas a partir delas e com elas, será um contínuo retomar reflexivo de seus próprios caminhos de libertação; não será reflexiva criação e recriação, um ir adiante nesses caminhos: 'método', 'prática de liberdade', que, por ser tal, está intrinsecamente incapacitado para o exercício da dominação".

Não bastasse a escrita tendenciosa na introdução, na mesma "obra", refere-se, com notoriedade no passado, à pretensão planejada para o futuro, o que de fato acontece nos dias atuais e se vê à luz do dia, em plena década de 2020, exatamente o que planejara. Naquele tempo, a pregação contrária aos bons costumes e à tradição da educação foi planejada e está escrito. Observe, um livro que foi publicado no período do militarismo no poder, que dizem ser de censura absoluta e opressão, no entanto, defenderam a sua bandeira ideológica de cor vermelha. Eis um trecho do livro: "Por tudo isso é que defendemos o processo revolucionário como ação cultural dialógica que se prolongue em 'revolução cultural' com a chegada ao poder". O que de fato ocorreu. Chegaram ao poder, "perderam" e continuam com a obsessão da instabilidade democrática, a retomada do poder.

Na educação, uma visão pedagógica que aparelha o filho ainda na fase da escolaridade, com igualdade do pai na educação do próprio filho. A certeza do desmerecimento da autoridade dos pais, não agir como tal, mas sim como um autor coadjuvante no assunto relevante à educação; nestes termos, o fim da autoridade paterna.

Na economia, a corrupção rompeu as barreiras dos limites geográficos do território nacional e foi noticiada pelos quatro cantos do mundo, nunca visto antes um rebento de tamanha dimensão na história mundial. Assim resistem, e ainda deixaram de herança o maldito aparelhamento dos poderes, de norte a sul do País, arruinados e comprometidos entre eles, os inimigos da nação, expostos e de cara limpa, sobre o manto negro que lhes cobre a falta de vergonha do corpo, do rosto não, salvo exceções. Resistem à ordem por interesses escusos, comprometidos, não deixam prosperar a nova política de direita moderada, vista aos olhos do bom governo e da satisfação do povo brasileiro. Quem ajuda a nação e agrada a Deus certamente incomoda o diabo.

Resistem! Querem, a qualquer custo, a manutenção do que planejaram entre tantas "obras" subversivas que não resultaram em bons frutos. Ao contrário de tudo, a vergonha permanece escrita, a tentativa da base dos seus argumentos no passado, a prova contrária do que alegavam, a sua própria revelia. Hoje, no futuro, se vê no resultado e se lê o que diziam no passado: "A teoria da ação antidialógica e suas características: a conquista; dividir para dominar; a manipulação; a invasão cultural. Na teoria da ação dialógica e suas características: a colaboração; a união; a organização; a síntese cultural", no livro empoeirado, porém atual na concepção intelectual da esquerda, *Pedagogia do Oprimido*.

A metodologia construtivista contaminada prega a relação distorcida entre pai e filho. No entanto, esquece a dificuldade sociocultural dos alunos ao se sentarem em círculo para a discussão desse ou daquele assunto. O patrono da educação ser agraciado com títulos *honoris causa* em Oxford, Harvard e Cambridge é tanto quanto razoável, pois lá a diferença sociocultural é extrema. Mesmo assim, não comporta essa proposta, com certeza, salvo idealismo político, dados a superioridade na educação e o nível de escolaridade.

No Brasil, na educação da rede pública, a princípio, o maior interesse na inclusão do aluno na escola é a merenda escolar. No acanhamento, a grande dificuldade de despertar a interação da criança desfavorecida, que se sente inferior, o jogo da interação na educação, acaba ao retornar para sua casa de tijolos aparentes, às vezes com apenas dois cômodos, sem saneamento básico, com muitos irmãos, a desestrutura em todos os sentidos a olho nu, jogados à própria sorte. No entanto, sabe-se da dificuldade na educação mesmo nos lares abastados, somada às dificuldades de todas as ordens. Infelizmente, algumas meninas se dispõem à prostituição e alguns meninos, com a falta de perspectiva, iniciam-se nos pequenos furtos. No amanhã, um homem desprotegido desde a infância, a marginalidade prospera, e prova disso é o alto índice de criminalidade. Ao contrário das cidades europeias, onde o "patrono" da nossa educação expôs a sua metodologia nas melhores universidades do mundo. É de fazer rir! Lá a educação é tradicional, o melhor para os alunos e, por consequência, o melhor para a sua nação. No Brasil, considerando a precariedade da má educação nos seus recantos, são raras as exceções de sucesso. A mentalidade foi abafada, planejada para não dar certo, a esperança sucumbe.

Enfim, não temos apenas a corrupção que fragiliza a educação. Os interesses são ocultos, profundos, os objetivos são ideológicos, querem o poder ao avesso da verdadeira democracia. O povo, de olhos vendados por uma fumaça, não vê a verdadeira intenção. O aparelhamento está evidente nos poderes da República, suavemente infiltraram, salvo os cuidados necessários, chegaremos a um atoleiro sem saída nos próximos anos. Contudo, essa interferência desestabiliza os sonhos do conhecimento, não apenas do jovem estudante, mas de toda a nação.

Um método despretensioso para a educação

Para ilustrar, um paralelo de conceito pedagógico distinto e despretensioso de ideologia política, se não o melhor, porém despretensioso. A proposta crítico-emancipatória é complexa, aparentemente razoável. Introduzida no Brasil pelo filósofo alemão Kunz, que sugere como método pedagógico o caminho pela Educação Física, ensinar por meio do movimento corporal, desenvolver competência na interação social, e a competência objetiva, ler, criticar, interpretar através da linguagem. Vejamos: "Logo, a prática educacional deve partir de um processo de conscientização de professores e educadores sobre a realidade, sendo através de uma Ação Comunicativa tratada de maneira crítica e problematizadora, possível de se reconstruir o conhecimento a todo o momento. É pelo diálogo que se consegue desenvolver a consciência a partir do mundo vivido, pois, com este, os conteúdos a serem ensinados são expostos com a intenção de tomar atitudes com relação à realidade concreta, desta forma é mais fácil entender, explicar e transformar esta realidade".

Em nosso entendimento, a consideração, a busca por um caminho através da majestosa atividade de educação física, buscar contribuir, um caminho, uma alternativa para a melhor educação, no mínimo, o nosso cordial respeito. No entanto, tamanha a sensibilidade da questão, a educação. Entendemos, em certo momento, que haverá um ato discriminatório e seletivo na proposta interacionista. A defesa da boa educação é que aparelha o nosso entendimento com Kunz, fato esclarecedor devido à prática e ao amor pelas atividades esportivas por todos os tempos. No entanto, compreendemos haver a competitividade excessiva, exclusiva, em que se sobressaem apenas os especialistas e *experts*.

O que ocorre, de fato, na prática dos esportes é a extrema competitividade, saber quem é o melhor em campo ou na quadra de qualquer esporte. A regra é taxativa e única: vencer e vencer. A prática de esportes tem, sim, seus expoentes para o desenvolvimento da autoconfiança e da determinação de uma criança para a obtenção de sucesso no futuro, não resta dúvida. É preciso interagir, conviver com a adversidade, competir, o que contribui com a projeção social. No entanto, como método de ensino, corre o risco de não ser uma maneira perfeita de aprendizado eficaz, pelo menos não no primeiro momento. A negativa, em especial, para esta exposição é sociocultural, a maior competição aqui no Brasil, em primeiro lugar, é a falta de estrutura para a prática desportiva satisfatória, didática e fisiológica. Porém, sabe-se que tem consequência positiva, a estabilidade emocional, o equilíbrio e a autoconfiança. A diversidade é grande. No mínimo, a meta alternativa é a tentativa de se levar o aprendizado harmônico, e não competitivo. Repito, pelo menos no primeiro momento da educação. Do contrário, trará frustração, e a dificuldade na reabilitação pode ser pior.

Eis a diferença entre essas duas correntes: a freiriana, pretensiosa, idealista; e a de Kunz, a tentativa de contribuir com uma receita objetiva, sem pretensão, o mérito é a educação. Os comunistas não agem com dignidade, agem por idealismo, e o efeito é destruidor. Nem em sonho é possível a liberdade, o que vigora é o escravismo. Açoitados para o trabalho em benefício socioeconômico, alheios às suas realizações pessoais, padecem.

Entre dois mundos

O novo homem deste século XXI não percebe que foi usado, contaminado pelas mudanças no decorrer das últimas décadas. Não se vê desta forma, acha que é normal aos olhos da correção que não houve, é otimista, está pronto à sua maneira. Age por ingenuidade, acredita que esse é o único caminho. Sua mente foi programada, planejada pela política pedagógica pretensiosa do comunismo ao longo dos anos, na carona do método do construtivismo e, na sequência, o projeto assistencialista contribuiu para a má educação. Infelizmente, o fortalecimento da esquerda comunista no Brasil.

Entre esses dois mundos de comportamento social e cultural, passado e presente, o choque foi inevitável. A esquerda se fortaleceu e acabou por desconstruir a tradição na educação. Com as mentiras, o planejamento calculado com previsão de longa data, insiste no mundo sustentável, no capitalismo sustentável, um sistema dominador com ou sem lei, um sistema cruel, excluindo a dignidade humana, a liberdade de expressão e o direito à iniciativa do indivíduo em prosperar.

Mesmo assim, surge um novo homem, que se mantém firme, sente dúvida, medo, é irresistível aos olhos de uma bela mulher e também adepto ao novo gênero que achar conveniente. Assume que não gosta de futebol, assume sua sexualidade, prefere um licor ao velho scotch, acredita no seu mundo, uma nova mentalidade moderna. No entanto, essa evolução enganosa foi introduzida, planejada; por isso o jovem não admite. A mentalidade foi programada para agir e pensar, ao contrário dos costumes do homem do século XX. O patrono da educação e outros modelos que fogem da tradição usam artifícios diferentes, ocultam a verdade, com o propósito de serenidade, conduzem ao seu exclusivo interesse o domínio da manutenção da democracia disfarçada, custe o que custar.

Caro leitor, ao ler estas linhas, talvez você não compreenda a diferença entre esses dois mundos. O surgimento do novo homem do século XXI foi manipulado pelos interesses da esquerda, salvo raras exceções que se mantiveram no rigor dos pais, na cultura da velha educação tradicional e da boa escola. Acredita não haver nada de errado e não deixa de achar justa a sua crença sobre a naturalidade da sua existência e a interferência na personalidade. Vejamos! Houve um planejamento para influenciar negativamente a educação, com propósitos escusos na época, para alcançar seus objetivos no futuro. Por isso, aos olhos da velha geração, percebe-se facilmente a diferença na educação, que surgiu naturalmente pelo sofrimento do seu antepassado, que, pioneiro, quando tudo ainda estava por fazer, buscava, heroicamente, novos horizontes, novas terras. A educação era fortalecida em casa, nos dogmas dos bons princípios e da religiosidade de cada um; assim, acontecia naturalmente a formação do caráter por gerações, na tradição da educação.

A educação tradicional perdeu-se por inércia

Considerado um governo conturbado na ocasião, preferiu a morte a se deixar levar pela conspiração em detrimento de sua honra. Deposto pelo exército, ***Getúlio Vargas*** (1882-1954) foi considerado o pai dos pobres, criou leis trabalhistas, diminuiu a jornada de trabalho, estabeleceu o salário mínimo, porém era centralizador. Governou nos anos de 1930-1945 e 1951-1954, divididos em fases: Governo provisório, constitucional e Estado Novo. Padronizou-se o que seria a base tradicional da educação no Brasil, que antecedeu e fortaleceu a educação daquela geração. A educação elementar dividida em 1º e 2º graus, que antecedem o vestibular; prevaleceu a educação tradicional. Com o objetivo essencial de fornecer cultura geral, preparar para o vestibular e, por consequência, para a vida familiar e o trabalho. Não se pensava apenas na educação, mas também em formar cidadãos, homens comprometidos com a pátria. Havia matéria escolar de moral e cívica e, ao bater o sino, formava-se fila e cantava-se em uma única voz o Hino Nacional. Mesmo com as dificuldades e as crises que sucederam após o seu governo, restaram bons frutos na formação, que prevaleceu até a intervenção dessa nova bandeira manchada de sangue, a esquerda atual, que resiste até seu último suspiro. Porém, um legado, uma frase de

Getúlio Vargas que reforça o conceito da boa educação: "Educar não é somente instruir; mas, desenvolver a moralidade e o caráter".

E, ainda, no contexto metodológico da educação, não político, podemos assegurar que a educação tradicional perdeu-se por inércia, quando ocorreu o abandono do método da verdadeira Patrona da Educação no Brasil, ***Branca Alves de Lima*** (1910-2001), com a Cartilha Caminho Suave, com a primeira e heroica publicação em 1950, com os seus próprios recursos, a singela contribuição ao alfabetizar 48 milhões de brasileiros, com o método Olhar e Dizer, que alfabetizava pela imagem, começando com as vogais e sílabas, que eram associadas aos objetos e animais, facilitando, assim, o aprendizado das crianças. Infelizmente, não por coincidência, mas com o planejamento arquitetado, com o fim dos governos militares, caiu em desuso o seu método. A partir daí, deu-se início à prioridade da educação motivada pela ardilosa política ideológica construtivista do renegado Paulo Freire. Sendo assim, a desconstrução da educação, à revelia do método Olhar e Dizer e da bem-intencionada, como sugere seu nome, a cor da paz, Senhora Branca. A ela, nossa reverência e agradecimento.

Nesses termos, a realidade, o confronto de gerações que se misturaram em um único espaço de tempo. Entre o ontem e o hoje, os filhos atuais fazem parte dessa nova geração. Não há preconceito, mas, sim, um sentimento de falta de valorização e oportunidade de vida para este novo homem, desta nova geração, na transição do século XX para o século XXI. O mundo está em inevitável mudança e a vida é feita de escolhas. No entanto, houve a influência na má-formação, moral e intelectual, com relação à educação tradicional, que foi distorcida, o que resulta na dificuldade de êxito. O sucesso pretendido, inerente ao ser humano, ficou distante e se tornou difícil. Não por acaso, foi implantado pelo novo sistema, no subconsciente do jovem estudante, nos bastidores da esquerda, como um chip a conduzir. Esse planejamento maléfico modificou a educação, colocou o cabresto de maneira preventiva, fez surgir uma evolução natural de forma negativa ao interesse da educação tradicional, levou à submissão e, como se fosse um contentamento natural, agiu à revelia dos pais, doutrinou os filhos.

Porém, considerando a soberania, que é o pilar da democracia, a esperança na consciência dos educados pela tradição e o amor pela sua pátria, o povo, vestido de verde e amarelo, há de vencer, resistir bravamente. Sem essa providência, a manifestação do povo de maneira ordeira, nada restará. Caso contrário, o Brasil, um país tropical, belo pela sua natureza, suas praias de norte a sul, terá suas águas como cartão de visita, de cor vermelha. Querem nossas terras, por lá a população passa fome, o livre comércio já não satisfaz, os comunistas com ideologia e retórica opressora não convencem mais. No entanto, a ideologia comunista nas mãos de bilionários capitalistas, com a faixa decorativa de cor vermelha no peito, com o poder financeiro, às custas de muitas décadas de planejamento; bate às portas dos países dos continentes das três Américas, buscando uma nova colonização.

A triste resistência do filho do século XXI

A prova disso tudo é que muitos dos leitores e leitoras deste livro serão dessa nova geração, e muitos não aceitarão esses fatos, o que é natural, ainda vivemos em um Estado Democrático de Direito. Não entendem que receberam e continuam recebendo métodos distorcidos na educação, a cartilha intelectual doutrinária, mesclados com o assistencialismo, que vicia e faz acreditar na falsa honestidade da política da esquerda.

O caos está instaurado, a bactéria da submissão já está disseminada. Com isso, a dificuldade e o sofrimento dos pais em ver a liberdade do filho cerceada em todos os sentidos, inclusive na esfera econômica e financeira. Após longos anos de dedicação dos pais, a influência negativa da esquerda ocasiona uma obrigação extra além da expectativa pretendida ao seu tempo, não apenas por obrigação, mas sofre o filho pela falta de direcionamento profissional e sofre o pai por ver o filho sem grandes expectativas dos sonhos sonhados desde criança perdidos. Aqui, neste ponto, o interesse é resumir a causa de todos os adventos negativos na educação, que foram arquitetados no passado para a condução da má formação do jovem. A nossa tentativa é de esclarecer, contribuir e evitar real situação de erro e equívoco, e trazer, consequentemente, o benefício do acerto e chegar à prosperidade. Entre tantos exemplos de resistência, um bastante comum, sem perspectiva e em busca de aconchego e fortalecimento, é o casamento prematuro nos tempos de hoje. A pretensão ocasional de se ter filhos na fase dos estudos, seguramente um momento inoportuno e no qual ainda se tem pouca idade, talvez não consiga suportar as dificuldades inerentes às obrigações que essa situação proporciona e exige.

Ocorre uma mistura de interesses, confunde-se o objetivo profissional da formação com a paternidade e a maternidade. Por consequência, a frustração inesperada, a inexperiência, a ingenuidade levam ao comprometimento também dos pais, que cuidam do filho e, em algumas situações, do neto. Casar e ter filho, uma condição de escolha individual, há que se prevenir, o momento certo contribuirá para o início da vida adulta, é uma escolha, a certeza do hoje, talvez o equívoco do amanhã. Na dúvida, a paciência com maturidade é a única certeza de menor risco. Um casamento equivocado resolve-se com uma simples separação e suas peculiaridades, mas não é bom. Um casamento com filho gera uma responsabilidade de vínculo para todos os tempos, e, naturalmente, o filho prefere o seu valor prospectivo da infância e da juventude ao lado dos pais. É o reconhecimento à sua vulnerabilidade, às vezes um estrago sem conserto e seguramente com a outra parte, cujo amor não se suportou. Um exemplo delicado, porém, ao se pensar em sucesso profissional, terá logo no início um embaraço, uma preocupação extra. Portanto, não resista a um bom conselho, ouça seus pais, sempre achamos que em certas situações somos diferentes, exceção; olhe para os lados, a verdade dispensa a verossimilhança, verá como podemos ser iguais e cometer os mesmos erros tal qual o seu vizinho.

Filho adolescente aos 30 anos

Antes, em outros tempos, a ingenuidade da infância, o atrevimento da juventude sem maldade, em um tempo em que todos os dias eram bons, com a vontade de crescer e não olhar para trás. Hoje, sem os devidos cuidados dos pais, o risco da má influência; a política de ensino arquitetada, planejada para o retrocesso da educação, trouxe o desequilíbrio e a falta de expectativa para o futuro. Por consequência, a inexperiência do filho sobrecarrega a responsabilidade na obrigação dos pais e acaba por ocasionar a dificuldade no merecido descanso na terceira fase da vida; e seguem trabalhando à revelia da sua vontade. A princípio, o que se pretendia com planejamento desde o início, viver o bônus, a oportunidade é frustrada e isso não é justo. Sem alternativa, insatisfeito por não desfrutar a vida como planejado, na fase do bônus. Existia um plano secundário, um plano "B", ainda com saúde e determinação, agora não mais possível.

Você sabe qual é o início da terceira idade? Em uma prática do campo, a resposta adequada é: ao plantar uma semente de uma determinada árvore frutífera, a resposta surge naturalmente, se questiona no subconsciente e sabe que não viverá para colher os frutos. Assim, ocorre a frustração do pai; impossibilitado de realizar o bônus, padece, plantou e não irá colher. É de conhecimento científico que o envelhecimento é um processo que se inicia com o nascimento, não há método que iniba esse processo. Aí o mistério da vida, não se sabe qual o tempo de cada um, frutos maduros caem, à mercê dos desígnios de Deus. Ele foi prudente, organizado com prevenção quanto ao ônus para a realização dessa justa satisfação, não haveria problema, uma questão de tempo, seus sonhos por realizar. Há que se considerar que o tempo é preciso, é fatal. Nestes termos, o dilema, por consequência desse novo tempo, dessa nova cartilha, no mínimo subversiva, e por conta da evolução: você cuida do filho ou você cuida do filho e de carona cuida do neto. Não há alternativa, não há espaço para duas opções, acaba naturalmente por sucumbir o bônus, a falência da felicidade do seu pai.

Expor o momento dessa velha geração, a pérola do século XX, ao jovem do início do século XXI, que certamente ficará marcado na história como homem determinado, ativo e altivo. A tentativa de contribuir na formação do filho dessa nova geração, em que o planejamento é fundamental para o sucesso profissional e familiar. Não acredito em modelo ou receita de sucesso, mas me atrevo a esse esclarecimento, que muito tem trazido insatisfação aos pais. Por isso, digo ao filho observar os ensinamentos dos seus queridos pais, que planejaram, no passado a realização de seus sonhos para o futuro, às custas do trabalho, a constituição da família. Com isso, os pais se veem frustrados com a mudança de comportamento, a influência externa na educação leva à incompreensão e à fragilidade contida na educação do próprio filho, alheio à sua própria vontade. Não pediram permissão, a intromissão foi calculada. A nova cartilha da esquerda na escola, a ingenuidade dos pais, o pensamento de mera diversão, as portas abertas para a tecnologia, redes sociais e a televisão em mãos erradas, sem conteúdo, contribuíram e trouxeram conhecimento equivocado ao filho. O resultado através da má informação foi inesperado e certeiro aos ativistas pretensiosos, com a falta de amadurecimento do filho, trouxe a má influência e a decadência na educação. Restando a falta de expectativa para o jovem promissor, sem alternativa, devido à falta de determinação que foi implantada pelo novo método construtivista contaminado na educação, entre os séculos XX e XXI, e fortalecido pela política assistencialista de esquerda no Brasil. Com isso, o filho adulto padece como adolescente em casa. Reclama de tudo, sem experiência, faz crítica de situações de todos os gêneros sem conhecimento de causa, considera-se vítima nas relações do cotidiano. Por qualquer motivo, acusa, se não é de esquerda, é fascista. Ter definição sexual é homofobia. Não aceitar opção de gênero, é preconceito e é crime. É a tristeza escancarada na dificuldade de relacionamento de pais para com filhos, tios para com os sobrinhos e avôs para com seus netos. Não existe a satisfação, outrora, quando as relações eram espontâneas e saudáveis, hoje não mais com os filhos adolescentes de 30 anos. Aqui, há esperança na reconstrução dos costumes, educação e respeito pela tradição que se perderam pelos caminhos da evolução; com quais benefícios, impossível imaginar.

Um sonho, restabelecer a educação no Brasil

Mesmo que tardiamente, a tentativa de restabelecer a educação – um paralelo com o título "Um sonho, uma criança na escola" –, agora, "Um sonho, restabelecer a educação no Brasil". É possível voltar ao passado e restabelecer a educação? Voltar ao passado, precisamente, não é possível. No entanto, se valer dos resultados negativos que ocorreram na educação é plenamente possível. Se considerar os ensinamentos do pensador ***Edmund Burke***, já comentado anteriormente, que defendeu no parlamento inglês suas teorias que são atuais até os dias de hoje, portanto, há uma luz de esperança; diz que tudo que existe tem origem no passado, "(...) torna-se uma associação não somente entre aqueles que estão vivos, mas entre os que vivem, os que estão mortos e os que ainda estão por nascer". Atender os preceitos da divindade do que é bom, à luz do ensinamento secular, traz a justificativa da possibilidade da reconstrução da educação no Brasil, vejamos:

A frase de ***Burke*** demonstra o valor da constituição do passado para a articulação do presente. Acreditamos no aprendizado sucessivo, consequentemente, a evolução com o passar do tempo, o homem é frágil, o tempo não, ele é soberano. Por consequência, uns deixam seus benefícios para a prosperidade, bons frutos. A reação está em nossas mãos, somos o presente, a dificuldade da reestruturação da educação está em nossa responsabilidade, não devemos aceitar jamais esse paradoxo, essa teoria contrária, construtivista, contaminada com os princípios tradicionais da população brasileira.

Consequentemente, permanece a responsabilidade dos presentes; nós, os pais, somos responsáveis pela geração do amanhã; deixar uma herança subversiva para os que estão por nascer, admita, não é justo. A razão lógica da tradição na educação escolar há que prevalecer, os filhos do amanhã devem manter os laços afetivos com seus pais, o respeito para com o próximo; mal não há de fazer, na falta, vergonha maior não pode haver.

Responsabilidade da má educação no Brasil

Conhecedores da educação, analistas e políticos atribuem a responsabilidade da desordem e da má educação no Brasil à falta de investimento adequado dos governos e municípios. Fala-se que maior orçamento percentual de investimento e melhor salário para os professores seriam a solução para o equilíbrio na educação. De fato, os investimentos são necessários na proporção do real aproveitamento dos alunos. Ocorrem também relatos de não haver valorização, integração ou interesse no aprendizado por parte do aluno, que fica disperso com celular na mão, não há respeito para com os professores. Outros alegam que a boa qualidade de ensino existe apenas em escolas particulares, devido à capacitação dos professores e melhor salário. Todo mecanismo no sentido da reestruturação educacional é válido.

O homem, com a evolução, já não se curva, é ereto. Na tecnologia que tanto traz benefício, evoluiu sem conteúdo, mas se mantém longe do equilíbrio e da racionalidade adequada na educação. Consciente da dificuldade de entendimento da diferença entre o conceito da educação tradicional, com os novos conceitos da atualidade, somado à ideologia da esquerda, há que se demonstrar o oportunismo dessa mudança nas últimas décadas, chegando ao extremo da má qualidade da educação escolar. Não se mediram as consequências, a nova educação distorcida acabou com a velha educação tradicional, que simplesmente saiu de cena. A diferença não reside apenas no excesso de conteúdo da matéria na educação escolar, mas, sim, por estar distante da realidade do aluno e cercear o aprofundamento na arte do aprendizado. Assim, nada prevalece, gostar de matemática, história ou de outra matéria agrada uns e desagrada outros, e não traz resultado eficaz para a educação atual. A utilização de novos métodos foi o início do oportunismo de se distanciar da pesquisa do velho livro. Longe da leitura, surge o desinteresse, levando à desconcentração, prevalecendo a utopia ideológica. A leitura exige concentração. E a mesma traz a determinação para a formação. A boa formação é o caminho para o sucesso, que leva à verdadeira liberdade. Não se bate em uma mãe que tudo ensina, e a escola é a mãe do conhecimento. No entanto, planejaram para que tudo ocorra ao contrário do que é necessário para a manutenção da educação tradicional no Brasil. Com reflexo negativo para o futuro profissional, a desestabilidade do jovem tomou conta da nação, a pobreza e o assistencialismo prosperaram, a cartilha freireana contaminou. Os pais bem intencionados padecem. Como prova disso, adolescentes, filhos de pais abastados, aos

30 anos de idade dentro de casa, e os de baixa renda, jogados à própria sorte.

Teoricamente, segundo essa cartilha, a autonomia para, no futuro, o sentimento de liberdade de escolha. É de fazer rir! Isso não ocorre. Na velha educação, sim! Trouxe a liberdade de escolha às custas da tradição ancestral. Com determinação, os homens que nasceram em meados do século passado, que estão por se extinguir, foram dignos do verdadeiro sentimento de liberdade, a razão do sucesso e a segurança com que se conduziu para a sua formação. Não depredavam, não agrediam, respeitavam seu mestre educador, conhecedor dos ensinamentos necessários para a formação do aluno dedicado. É o excesso do conteúdo que traz segurança e o verdadeiro conhecimento. Ao contrário, esse novo método mesclado não prepara para o futuro, o conceito atrasa, não há determinação, não há foco, porque fugiu da tradição e dos bons e velhos costumes conquistados pelo suor dos nossos antepassados. Incompreensível, inverteram a alegação do conteúdo para os seus interesses. Inclusive, traz a falta de conhecimento geral do aluno, quase nada sabe, é disperso, infelizmente, mal preparado, foi condicionado e manipulado. A segurança para essas afirmativas, o exemplo da educação escolar de pais que muito sofrem, com o trabalho, a dificuldade no acompanhamento, não entendem o desequilíbrio do filho, as surpresas são inevitáveis. Apesar da influência dessa cartilha escolar, que destrói, existe escola voltada ao costume tradicional, por professores que foram educados e preparados em casa às custas da velha e boa educação. A preocupação dos pais é essencial, a manutenção na pesquisa, na leitura, o fortalecimento no conteúdo, o sistema da velha e boa educação tradicional deve prevalecer. A convivência está na interação, ao estar perto do filho, vai perceber a diferença no comportamento individual, por meio de atividade extracurricular, no campo rural ou mesmo na grande metrópole, faz a diferença, sabe-se que galinha é galinha e não um galo. No futuro, a altivez, o filho com olho de águia tudo vê, há que se admitir que não é sorte, é, sim, a diferença na educação familiar e cuidado apropriado na escolha de uma boa escola tradicional. Com isso, querem admitir a sua autoria, a pretensão do fortalecimento no currículo da ética e cidadania. Ética e cidadania aprende-se em casa com a educação familiar tradicional. Na escola aprende-se a ter o conhecimento, com a base e o equilíbrio da boa educação caseira. Não devemos intervir diretamente na educação de um filho na escola, desde que devidamente escolhida pelos pais, como sugerem os bons métodos. A discussão de assunto didático e conceitos morais entre pai e filho deve ser distinta, sobre a escola, no máximo, o acompanhamento e zelo do pai. A obediência e os conceitos de educação tradicional se dão em casa.

Cabe aos pais exigir e não se deixar levar por princípios básicos ausentes aos bons costumes morais e cívicos; existem métodos alternativos, que preservam os bons costumes, cantar o hino nacional e usar uniforme fazem bem. Não admitir isso é como virar as costas para a terra que produz o seu alimento, que o mantém saudável, é como cuspir no prato em que se come. Atribuo ao reflexo do método político ideológico freireano, na obra *Pedagogia do Oprimido*, a responsabilidade pela banalização da educação escolar no Brasil e a contribuição na destruição moral de parte da família tradicional. A necessidade da liberdade que tanto prega em sua obra não deixa de ser justa, mas não nesse sentido, em dividir o pensamento lógico e cultural de uma nação enraizada por séculos na educação tradicional.

– Esqueceu o patrono da educação da verdadeira prioridade da educação na relação humana, destruída em todo o mundo, inclusive no Brasil, por conta do descaso ativista, contrário ao bom costume da educação tradicional.

– Esqueceu que, na evolução da "sua teoria", prevaleceu o assistencialismo. Como resultado, trouxe o retrocesso na educação, alavancando o preconceito racial ao criar vantagens na educação. A suposta vantagem discrimina ainda mais, somos todos iguais, não precisamos de vantagens, e sim de conteúdo. Os direitos e oportunidades dos homens não devem prevalecer ou diminuir ninguém.

– Esqueceu que, na divisão social do capital, inerente ao crescimento do capitalismo e do livre comércio, deve haver a permanência do respeito à dignidade básica do homem, a graduação satisfatória para a concorrência e a igualdade de condição no aprendizado.

– Esqueceu ao divulgar a "sua teoria" mundo afora que a divisão geopolítica que separa a família, gera naturalmente problema social, traz a fome, a falta de escolaridade, não por discussão de novo método na educação, mas por interesse político ideológico.

Como se fosse um jogo de cartas marcadas, não se incomodam, no comunismo, na política de cunho populista, protegem suas famílias, em detrimento dos menos favorecidos, que ficam à mercê da própria sorte, não é justo. Um exemplo trágico e noticiado aos quatro ventos, se comparado à verdadeira necessidade das relações humanas do mundo, a crise socioeconômica na Venezuela, que trouxe a fome, a fuga, a morte, o desequilíbrio econômico generalizado e muito sofrimento. E, até que se chegue ao consenso real da verdadeira e merecida cidadania venezuelana, a educação terá sofrido as consequências. No Brasil, a pretensão arquitetada persiste. No entanto, o povo sabe que dividir conceitos firmes e enraizados na cultura traz a desordem cultural e o abalo econômico. Não bastasse o resultado político ideológico freireano na educação, usaram também os trabalhadores, instituíram o assistencialismo de maneira equivocada, que destrói a segurança de prosperidade coletiva e individual. Vedam seus olhos, não veem o horizonte, olham para os pés. Por consequência, trazem a morte da esperança.

No entanto, na pretensão do método ideológico de ensino, a particularidade na liberdade, em que pese a falta do excesso de conteúdo didático, há que se considerar a controvérsia pedagógica. Como resultado na educação, não em revelia a qualquer curso universitário, é necessária a boa formação pretendida pelo estudante bem-intencionado. Não se vê manifestação nos cursos, por exemplo, de medicina ou engenharia em uma universidade federal, muito menos se imagina em uma faculdade particular. Por que será? Infiltram e agem como um tijolo inexpressivo, na imensidão da falsa pretensão da formação em cursos sociais, com o objetivo único e arquitetado para o fortalecimento do comunismo dentro das próprias universidades. Aos pais, os cuidados excessivos no quadro pedagógico não são exagero. A escola deve ser observada, busque informações, acredite na tradição, os comunistas estão aí, agem por trás, no anonimato. Tempos nebulosos à vista, não nos oceanos, mas em terra firme. Continuam na tentativa do fortalecimento de um novo império, agora comunista. Assim, que os antigos anjos do bem transformem a atual educação decadente, nos moldes dos anos dourados da boa educação tradicional.

"Para que o mal triunfe basta que os bons fiquem de braços cruzados."

Edmundo Burke (1729-1797)

PRIMEIRA FASE
FORMAÇÃO

Introdução

Neste capítulo, abordagens independentes e conclusivas, com a expectativa de contribuir e esclarecer possíveis equívocos correlacionados à formação qualificada. Com sugestões alusivas à qualidade de vida, relacionada ao tempo e ao custo-benefício do suficiente. Considerações incessantes sobre o privilégio de alcançar no futuro, com trabalho e planejamento, as realizações que se pretende. Por consequência, o mérito do sucesso profissional.

Eis a intenção de alertar e prevenir os cuidados necessários, como se fosse em tempo real, passo a passo, para cada realização e pretensão na formação. Fazer definitivamente entender que há de se sonhar com a satisfação profissional no futuro e nem pensar em esquecer os cuidados básicos para que isso ocorra; é uma consequência óbvia. Um deslize, uma atitude não planejada, poderá trazer consequências no amanhã e evitar que você brinde, com êxito, o sonhado bônus.

Com atrevimento, questiono as consequências e irresponsabilidades das instituições educacionais pedagógicas, com relação à essência, aos métodos e às exigências básicas da educação para a formação. Por interesses financeiros, relacionados às necessidades dos pais, exercem, indiretamente, pressão sobre a família. E, por consequência, a cobrança da sociedade, no aceleramento e conclusão dos estudos na fase da formação, objetivando a todo custo, o sucesso profissional. Nestes termos, a pressão dos pais, com relação à inclusão no mercado de trabalho, desrespeitando o dom e a essência do filho estudante.

Inúmeros são os questionamentos de situações simples e básicas, mas de fundamental importância, que podem trazer riscos à formação e interferir na carreira profissional, vejamos:

Onde nascemos; filhos, infância, juventude, obediência aos pais, educação, criança na escola; dom, talento e habilidade, namoro, casamento prematuro, relacionamento social, autoconfiança, timidez, vergonha, interferência financeira na formação do filho, aspecto financeiro por herança; pai rico, reflexo positivo; pai rico, reflexo negativo, deficiência financeira dos pais na educação, dinheiro, personalidade financeira e instituição financeira.

Onde nascemos

Onde nascemos interfere na educação? Não devemos nos preocupar com relação ao lugar onde nascemos ou deixamos de nascer, onde você está ou deixa de estar, chegou ou deixou de chegar, o que conquistou ou deixou de conquistar. Afinal de contas, cada um de nós teve um início diferente do outro. Não se compare a ninguém, sobre o que pensam, cada um de nós tem a própria luz e caminho a percorrer. Você! Eu sou o centro do meu mundo, celebre a vida; conviva com as pessoas que ama, divirta-se. O que importa é o mérito do saldo final de cada momento, ser feliz à sua maneira.

O que pretendo demonstrar é que as dificuldades de onde nascemos podem, sim, determinar o futuro de uma criança. A fragilidade de investimento público acaba por contribuir negativamente. As favelas dos grandes centros, as pequenas cidades do interior que não oferecem oportunidades, a falta de infraestrutura, locomoção, ocasionam deficiência na saúde e na educação. A exemplo disso, vários países subdesenvolvidos, onde a pobreza absoluta impera, por consequência de fatores sociais, políticos, econômicos, justificam negativamente as dificuldades no desenvolvimento intelectual, social, emocional e psicológico de um indivíduo na sua formação.

Ao contrário, nos países desenvolvidos, as cidades são extremamente integradas, inclusive com a área rural, estrutura de alto padrão no transporte, habitação e saúde. Isso contribui de maneira positiva na formação e, consequentemente, na qualidade de vida em todos os sentidos.

É de conhecimento a diferença de comportamento cultural entre os países do Oriente e do Ocidente. No Oriente, as pessoas são compenetradas e trabalham em comunidade sistêmica, coletiva. Já no Ocidente, com pensamento individual e desbravador.

Ambos determinados. A exemplo: o colonialismo do século XVI e a imigração em razão das grandes guerras, em busca de novos horizontes e vida melhor. Observa-se na história o comportamento dos imigrantes dos países do Oriente e do Ocidente, apesar das diferenças culturais, as dificuldades os levaram a uma grande imigração para o Brasil. Onde chegaram, as regiões tornaram-se prósperas, consequentemente, trouxeram aos seus descendentes imensas oportunidades de crescimento com resultados positivos e visíveis. Como se o sucesso intensificasse o sentimento de liberdade e independência de sua origem. Ao contrário, infelizmente, a exploração da mão de obra escrava no Brasil, no início da década de 1500, no século XVI, de origem africana. A miséria e a falta de condições em todos os sentidos imperavam e contribuíram para a má formação dos filhos. E, ainda nos dias de hoje, a necessidade de buscar novos horizontes em outras terras, ocasionando o desequilíbrio social nos países desenvolvidos, com resultados negativos e também visíveis. Na Itália e em outros países da Europa, podemos observar situações de extremo preconceito racial e descaso aos irmãos negros, o que reprovamos bravamente. A pretendida globalização deveria trazer o desenvolvimento aos países pobres, para que, assim, se mantivessem juntos a sua pátria, com seus familiares e amigos, não seriam marginalizados e não ficariam à margem de suas realizações nos países estrangeiros.

Portanto, a deficiência na estrutura por descompasso da administração pública e desinteresse não logra êxito. Apesar das tentativas de instituições em benefício do fortalecimento e da ajuda comunitária, no sentido de contribuir com as diferenças sociais, não prosperam a ponto de resolução convincente. Afirmo que a localização determina diretamente a falta de condições mínimas para a formação intelectual do indivíduo. Em raras exceções, por determinação, inteligência, sorte ou destino, o sucesso profissional pode sorrir para um menino pobre, no seu país ou como imigrante. Considerando que cada um de nós tem o nosso valor, mesmo com a pouca idade, o livre-arbítrio na escolha não é possível, não se pensa na essência intelectual, mas simplesmente na sobrevivência e em matar a fome. Os erros são inevitáveis; apesar da tentativa de fortalecimento na educação dos filhos nos países de origem pobre, se aventuram à própria sorte, migram para outras culturas, em busca de oportunidade e condição digna de vida para sua família.

No decorrer dos séculos, milhares de pessoas não privilegiadas entre os continentes buscaram a sorte da estabilidade familiar nas Américas ou na Europa. Hoje, apesar da prosperidade dos afro-americanos, o preconceito religioso e racial permanece. No entanto, uma legião de imigrantes bem-sucedidos e felizes. E, em especial, homens bravos, que surgiram às custas da imigração e tiveram uma vida notável, a exemplo de *Barack Hussein Obama,* na política, que chegou ao cargo máximo do poder na República dos Estados Unidos da América, presidente de 2009 a 2017, uma das maiores potências do mundo. *Aretha Franklin,* nascida da década de 1940, foi ícone da música negra, iniciou cantando no coral da igreja, considerada uma das melhores vocalistas da história da música, "A Rainha do Sol", condecorada pelo ex-presidente George Bush, com a medalha Presidencial da Liberdade, pelos serviços prestados ao país. Na Europa, *Cristóvão Colombo*, nascido em 1492, de família pobre, nascido em Gênova, Itália, com bravura e determinação, tornou-se um herói desbravador na Espanha; *Thomas Alva Edison,* nascido em Milão, na Itália, no século XIX, inventor, filho de marceneiro e a mãe professora, mal-sucedido na escola, foi educado em casa por sua mãe, por volta do ano de 1876. Patenteou 300 invenções e registrou a patente de 2.332 invenções, apelidado de o Feiticeiro de Menlo Park, New Jersey, nos Estados Unidos.

"Faça, decida, mude, senão viverá na eterna escuridão ainda vivo".

E, assim, por toda a história, é incalculável o número de pessoas iluminadas que fizeram a diferença, trazendo alegrias, inventos, soluções para o caminho de um mundo melhor, alavancadas pela dificuldade que a vida lhes ofereceu. A bravura e a determinação foram o ponto máximo de apoio para o sucesso, o que reforça o nosso entendimento, nesses exemplos. Pessoas que obtiveram o êxito pela supremacia do "Dom", extraíram de dentro de si a essência do seu "Eu".

Filhos

Não entendo como um retrocesso, mas, sim, uma visão harmônica entre o desejo de fato dos pais terem filhos e as condições econômicas e consequências psicológicas que podem ocorrer. Um paradoxo ao longo dos tempos é questão de conscientização, informação e planejamento, é de caráter cultural. Ter filhos pode ser um ato de "egoísmo", difícil compreensão a esse entendimento. Via de regra, a concepção se dá naturalmente por relação sexual, por circunstância do casamento, união estável, barriga de aluguel, independente e meramente casual, ou seja, nada escapa do aconchego da barriga de uma mãe, o ventre materno.

São várias as circunstâncias que levam à paternidade e assumem a responsabilidade de uma linha ascendente de parentesco, normalmente por uma família típica, aos olhos da religião professada. Até meados do século XX, o pai assumia inteiramente a responsabilidade econômica, depois o cenário se altera e as mães também exercem o controle econômico. Vejamos:

Filhos por egoísmo ou sucessão

Ter filhos por "egoísmo real", a vontade meramente de caráter sucessório. No íntimo, a necessidade quase que exclusiva da sucessão e conveniência. Ocorria demasiadamente na cultura dos antigos impérios, um filho legítimo para a sucessão do trono do rei. A ponto de deserdar os filhos pródigos e indignos, se assim desejasse. Simples assim. Como exemplo, um casamento acertado nos tempos da monarquia no Brasil. Um acordo de conveniência diplomática entre as coroas de Portugal e Áustria, a união de *Dom Pedro I* e *Leopoldina*, em 13 de maio de 1817, em Viena, por procuração, *Dom Pedro* não compareceu devido à distância. Uma relação conturbada, gerada por interesses comerciais, trouxe a insatisfação no relacionamento. Assim narra a história.

Filhos por medo e insegurança

A concepção de um filho por medo e insegurança de ficar só no futuro não é justa. Há que se querer um filho pelo amor e conhecimento do direito à liberdade no futuro. Não há maneira possível de uma relação de troca de interesses entre os pais e o filho, ainda por nascer. Afinal, não há meios de se questionar a pretensão de obrigação de um filho que ainda não nasceu, uma condição arbitrária e injusta. Em defesa do benefício do direito de nascer livre, não pode haver o arbítrio para a escolha que antecede o nascimento, é uma condenação sem defesa. Essa exigência de troca de cuidados, os pais cuidam dos filhos desde o nascimento, para que no futuro ocorra o contrário, a troca de obrigação, o filho adulto cuida dos pais.

Na ocasião da concepção, a escolha foi unilateral, apenas os pais escolheram e se colocaram na responsabilidade do zelo. Essa obrigação imposta pela paternidade pelo medo de ficar só no futuro é mal atribuída. Na verdade, deve ser um sentimento natural que se manifesta ao longo do tempo, no futuro. No entanto, devido às condições dessa paternidade ou maternidade, o direito de escolha da obrigação do filho deve prevalecer. Com o nascimento, os cuidados, o carinho e o amor dos pais contribuirão para que ocorra a recíproca. No entanto, não podemos descartar a possibilidade de uma exceção. Prova disso são os milhares de velhinhos em asilos, que foram preteridos à vontade dos filhos em cuidá-los, por isso, talvez, aconteça situação trágica de filicídio. Mesmo assim, no Brasil a regra é constitucional.

Filhos por mera casualidade

Ter filhos por mera casualidade não exime a responsabilidade dos pais em todos os sentidos. As obrigações e o amor dos pais para com seus filhos devem ser incondicionais, em todos os momentos. Um filho deve ser amparado, nas condições relativas às possibilidades dos pais, livre do aspecto da casualidade. Porém, independentemente da liberdade da concepção, certamente, amar seu filho será a mais perfeita das escolhas de sua vida. Afinal de contas, deu-lhe a vida, através do amor livre, que liberta, faz amar e sentir-se amado. O contrário disso contribui para o desequilíbrio social e as adoções.

Filhos criados pelos avós

O neto criado pelos avós ocorre normalmente por inconsequência e imaturidade dos pais. Não por isso, a intervenção contrária dos avós procede, o acompanhamento dos pais é justo. As circunstâncias, normalmente, são de aparência negativa, mas se trata de uma vida, e a paternidade há que ser respeitada, sem privações. Aqui, uma das mais pretensiosas maneiras de intervenção no carinho e amor preteridos aos pais, mesmo que imaturos.

A concepção, certa ou errada; a educação deve ser voltada aos interesses dos pais, há que prevalecer, é indelével. No entanto, na criação e no amparo do neto há que prevalecer a união, traz benefícios na aceitação do filho para com os seus pais no futuro. Ao contrário, a diferença nesse entendimento, na aceitação dos avós em cuidar e zelar pelo neto, sem interferência e oposição à natureza da circunstância em que ocorreu a paternidade, o prejuízo pode ser grande e irreparável. No caso, a "mera casualidade", os danos podem ser destrutivos e irreversíveis. A contrariedade na aceitação de uma vida, nesta condição, a contragosto dos avós, certamente traz desconforto, prejuízos emocionais e psicológicos, tanto para o filho quanto para os pais. Afinal, os pais foram preteridos no acompanhamento, por motivos diversos, na criação, carinho, educação do seu próprio filho. O filho criado por avós, casos de conhecimento notório em toda a sociedade; a exemplo da indignação eterna, em atribuir culpa aos pais juvenis na concepção do nascimento, a interferência negativa é imperdoável. A discriminação, se opondo à aceitação do nascimento, ofertada à própria sorte, não pode prosperar. Indiferente à maneira com que ocorreu a concepção, a vontade divina há de prevalecer e, no caso, os avós não serem os juízos da razão, em detrimento do amor do neto pelos seus pais no futuro. Não se deve atribuir culpa.

No entanto, a educação é proveniente do berço; se houve erro por inexperiência dos pais juvenis, houve, certamente, a falta de orientação na educação, no caso, dos avós. Muitos são os exemplos de pais solteiros, às vezes menores, situações que impossibilitam os cuidados financeiros no momento da necessidade e responsabilidade que exige a situação. Mesmo assim, a presença saudável dos pais é fundamental ao aconchego do filho. No entanto, os desígnios de Deus são assim, não nos cabe decidir a Sua própria vontade. Os terceiros envolvidos, os avós, não devem interferir na razão divina, saibam que não se mata apenas vida, também se mata amor.

Filhos para trabalho

Em determinadas culturas, os filhos têm o objetivo de contribuir no sustento da própria família e na busca de incentivo assistencialista governamental. Deixa de considerar todas as circunstâncias que envolvem as obrigações, as consequências sociais e psicológicas que a paternidade exige. As estatísticas são alarmantes, o trabalho infantil desenvolve, entre outras consequências, a pobreza extrema, a carência na educação, a falta de informação. Envolve milhares de famílias no Brasil e, certamente, em muitos outros países subdesenvolvidos. Com isso, deixam de estudar pela falta de informação e estrutura familiar. A permanência na pobreza se perpetua por gerações, mantém o problema socioeconômico, de difícil resolução. É de conhecimento a existência de campanhas voltadas para equacionar essa situação crônica, de difícil resolução. Para isso, a necessidade de reestruturação na política educacional, foco na base da formação desde o nascimento dos filhos. Isso requer tempo para o equilíbrio de uma linha razoável de estabilização, para se chegar a um grau de conhecimento e cultura, a compreensão do equívoco da paternidade sem o devido planejamento. Para tanto, a necessidade da conscientização por meio do desenvolvimento social, considerando, ainda, a força contrária da política de esquerda assistencialista, para quem a ignorância traz benefícios. Assim, prevalecem a ignorância e a manutenção dos desafortunados de cultura lógica, movidos pelo combustível da maldição na centralização ideológica equivocada, no mundo carente e sofrido. A falta de interesse na resolução da causa, na origem do problema, prevalece a comodidade e fortalece, a todo vapor o ato primitivo da relação sexual, o dom da paternidade: *C'est la vie*, a vida que segue.

Filhos por fertilização

A infertilidade age abruptamente nos dias de hoje, leva ao desespero. A necessidade social da filiação faz recorrer a tratamentos de fertilização a todo custo, desrespeitando a própria natureza. Afinal, Deus escreve certo por linhas tortas. A natureza age, não devemos contrariar, se pensa que uma porta se fecha, outra se abre para a realização de um plano secundário, que habita em cada um de nós, ao seu tempo e propósito. Pagar tratamento artificial para ter filho foge, de longe, dos princípios da inteligência espiritual. No entanto, a vontade da maternidade, às custas da pressão psicológica, supera e faz prevalecer. Nestes termos, analisar profundamente a necessidade; nem sempre esses tratamentos se concluem de maneira satisfatória, há o risco da não fertilização, da frustração. A não aceitação da possibilidade natural da concepção poderá acarretar problemas ainda maiores, gerando traumas e insatisfações. Por isso, aceitar os desígnios da natureza é favorável ao entendimento dos argumentos que defendo: um plano secundário em sua vida. Buscar as diretrizes para realizações possíveis e orquestradas por Deus e a satisfação de suas necessidades aqui na terra. Basta querer perceber, e facilmente entenderá os seus propósitos aos olhos do Supremo. Não apontarei exemplos de inúmeras situações nesse sentido, para que não haja influência em uma decisão tão pessoal e delicada. As escolhas geram incertezas, devem estar cientes e sempre bem assessorados, para que a realização da fertilização frustrada não se torne pior que o que se tinha anteriormente.

Filhos por adoção

No direito civil, a adoção é um ato jurídico em que uma criança é reconhecida, de maneira permanente, por um casal, que não é formado pelos pais biológicos da criança adotada. Recebe a transferência do pátrio poder e assume todas as responsabilidades e os direitos dos pais biológicos, sem restrições. Tenho a convicção de que essa modalidade de se ter filhos é a que sugere a maior manifestação de conscientização do ato da paternidade. Pelas vias normais, uma mãe tem um filho pelo nascimento, por várias circunstâncias. Aqui, escolhe querer ter um filho por adoção. Por isso, ocorre normalmente com casais estabilizados, maduros, e existe a plena convicção da providência a ser tomada. Afinal, os rigores processuais são grandes na contemplação da adoção. Atribuo, ainda, a maior responsabilidade dos pais adotivos na questão psicológica, afinal, uma criança sem descendência terá todos os méritos de um verdadeiro filho, requer muito carinho e amor. Normalmente, essa relação é levada às claras, desde o início, sem ocultar a verdade, é tratada abertamente, como filho do coração. Com isso, evitam-se situações de desconforto no futuro. O que acontecia demasiadamente no passado, ocultava-se a verdade da adoção, trazendo danos e surpresas desnecessárias. Portanto, pelo advento da adoção, não vejo riscos de interferências por falta de planejamento, ao contrário, contribui positivamente na realização pessoal dos pais, infinitamente no aspecto social e sucesso do filho.

Filhos - Considerações e consequências

Ter filhos traz alegria, um amor supremo e incondicional. No entanto, não podemos nos esquecer das consequências do amor pretensioso, que, neste sentido, é egoísmo. Afinal, a falta de consciência plena vai sofrer e fazer sofrer, uma nova vida terá, certamente, suas próprias vontades e desejos. Se for pra tê-los e se houver a dificuldade no sustento, saiba que há um longo caminho a percorrer até a sua formação de maneira adequada. Não é justo correr riscos, simplesmente ter filho e deixar a desejar todas as vontades inerentes a sua existência. Isso tem consequências de diversas ordens sociais, financeiras e psicológicas.

O que ocorre, demasiadamente, em detrimento dos filhos, é a incerteza dos relacionamentos que não deram certo. O que muito se vê, em separações judiciais, são discussões com relação não só à guarda do filho, mas, pasme, brigas horrendas em fundamentos básicos, como: a guarda, a subsistência do filho, a pensão alimentícia e outras obrigações essenciais. Isso, sem dúvida, não é bom, se isso ocorre durante a infância ou a adolescência, com certeza terá consequências psicológicas e traumas. Por isso, as separações devem ser bem conduzidas pelos pais, com o máximo de zelo, para que os filhos não se sintam abandonados e tenham dificuldades no futuro, inclusive de relacionamento afetivo.

Com tudo isso, considerar-se apto à paternidade, seguro e convicto do dom que lhe assiste, com planejamento, responsabilidade e aceitação de todas as consequências. Se não for o caso, e não puder ter filhos, cada um de nós tem suas atribuições designadas dentro do universo, por isso não há com que se incomodar.

Na concepção natural ou artificial, que se pretende um filho, esteja consciente de todas as atribulações e renúncias, que demonstrarão a verdadeira capacitação, através da pergunta e consequente resposta para a paternidade ou maternidade. Você tem o dom e está capacitado? Mediante esse questionamento, se a resposta for positiva, você deve estar apto para: noites de sono perdidas; amamentação; trocas de fraldas; pirraça sem causa; bagunça incontrolável com objetos e brinquedos a todo momento fora do lugar e ter que admitir, por se tratar de matéria pedagógica, que é inerente à idade, chantagem com relação ao que se pretende, criança não desiste; levar e buscar na escola; ensinar a andar de bicicleta; atividades escolares e extracurriculares da infância até a universidade; tarefas escolares à noite, após um dia de trabalho cansativo; cuidados com a alimentação; preocupação com a saúde; ajudar a estabelecer a parte social, levar e buscar na casa do amiguinho; levar ao shopping; receber os amigos em sua casa e, assim, as obrigações inerentes às próximas fases. Ah! Não se esqueça do seu trabalho, que ocasionalmente gera obrigações, e, ainda, ter consciência de que você, pai, e você, mãe, perderão todos os direitos de ir e vir a sós, restando, além das obrigações, custos de todas as ordens. Afinal, decidiu e optou pela maternidade ou pela paternidade, não há recurso.

No entanto, ter filhos, pensamento máximo de alegria plena e de complemento de um ciclo de realização divina. Desde a concepção, a ternura se manifesta como um sonho de eterna satisfação e superações positivas em todas as fases que estão por vir. Com o nascimento, o sonho se fortalece e a pretensão de ser o autor da maior obra-prima de sua história: o seu bebê.

A estrela brilha e a alegria da casa é voltada e concentrada com todos os esforços para a educação dos primeiros anos. A primeira escola, a seu gosto e a critério do entendimento e necessidade de cada família, mais cedo ou mais tarde possível. Acredito que quanto mais tarde possível, melhor. Naturalmente, dentro dos padrões pedagógicos.

A puberdade chega, momento de transição entre a infância e a adolescência. Período em que ocorre a manifestação das mudanças físicas, e a mentalidade de aceitação já não é mais a mesma. A partir desta fase, não mais a seu gosto, no papel de pai e mãe. Nada é como antes, agora as opiniões se manifestam a todo vapor, estando certos ou errados, isso não importa, a rebeldia e a sua vontade acima de tudo, dele, do filho.

Da adolescência para a fase adulta é rápido. É chegada a hora da decisão mais importante da sua vida, a escolha de uma profissão, a opção através da universidade, se assim desejar, que deverá trilhar o seu futuro e suas realizações, sem interferência da família e da sociedade na escolha. Um momento preciso e decisivo. No entanto, via de regra, não há essência o suficiente para a livre escolha, devido à pouca idade, do que se pretende em termos profissionais, o risco de equívoco é iminente, ele existe. Assunto retratado no título *Dom, talento e habilidade*.

E, assim, os passos para o futuro, como um pássaro que bate as asas e deixa seu ninho. Deixar seu lar não é uma regra, mas as novas ideias sem dúvida virão, um novo mundo, seus interesses pessoais a toda prova. E vocês, pais, às vésperas do fim da hegemonia da hierarquia, que o amamentou, cuidou, zelou e protegeu. As suas experiências não serão mais vistas como a exatidão da matemática, as discordâncias, as diferenças, os equívocos, os possíveis erros, tudo agora a critério e discussão com o jovem filho neófito. A objetividade do aconchego materno e paterno, no sentido filosófico, não conta. Eis o mistério, tê-los ou não, a dúvida parece prevalecer em tê-los. Afinal, a mola propulsora da vida é o nascimento.

É preciso contribuir com informações, às vezes pesadas e aparentemente insensíveis. Isto, para que haja conscientização nas realizações que se pretende. Porém, se bem observadas, poderão contribuir para evitar equívocos em diversas situações inerentes à formação. Considero de extrema importância os títulos subsequentes a este capítulo, por serem relativos às escolhas que darão o direcionamento profissional para toda uma vida. A espinha dorsal para o caminho que decidirá todo o futuro e, se não observados, contribuem negativamente para o sucesso. Consequentemente, trazendo frustrações por meros descuidos nas escolhas. Aqui, a resposta à pergunta anterior: se é necessário o dom e se está capacitado para ter filhos. A resposta deve estar na consciência e na responsabilidade da boa educação, necessária para o bom desenvolvimento de uma nova vida no futuro, considerando as dificuldades destes tempos, os direitos e as obrigações. O equívoco pode trazer complicação na proporção das necessidades da vida de cada um. Ao pai, na fase do trabalho, a consequência muito aquém do benefício esperado para a fase do bônus. E, quanto ao filho nascido, o risco da consequência negativa na formação em todos os graus.

A incompreensão da desobediência aos pais

Ainda há um fio de esperança, acatar os exemplos dos pais, ouvindo, seguir o aprendizado com a intenção pura e verdadeira, alavancar a prosperidade do seu bem maior, você! O filho.

Poucos têm a oportunidade de ensinamento gratuito na base da educação à disposição, os pais o fazem. Deve-se buscar a consciência em saber ouvir, não se aprende nada falando, aprende-se ouvindo aquele que se propõe a educar e ensinar. Somente eles fazem isso gratuitamente e por amor, seus pais. Porém, salvaguardados por *Provérbios 13:24:"Quem se nega a castigar seu filho não o ama; quem ama não hesita em discipliná-lo".*

O que vemos, infelizmente, é a pouca aceitação dos filhos, desta nova geração, deste novo século, a dificuldade em aceitar os velhos conceitos. Essa falta de perspectiva na continuidade da tradição na educação, penso que é motivada pela multiplicidade de métodos pedagógicos que trouxeram influência negativa de todo o gênero. Faz parecer que toda a experiência dos tempos dos nossos avós, que escolheram o caminho da tradição por inspiração religiosa, para estes tempos de nada serviu.

A falta desse bom conceito se desdobra diante do educador mal preparado e confuso, devido a essa multiplicidade de métodos pedagógicos, impostos aos pais goela abaixo. Os professores também são pais, as dificuldades e os conflitos são os mesmos do momento de transição entre os séculos XX e XXI, que trouxe o desajuste da tradição educacional. O professor foi educado em casa com os velhos princípios morais e com boa educação escolar. Uma sistemática incompreensível, pais, professores, paparicam os seus filhos, no balanço dos desencontros de métodos, acabam sendo flexíveis, confundem os filhos e geram a desobediência. Depois, certamente pagarão o preço, o mundo de portas abertas para o futuro, a frustração é inevitável. O filho esquece a tentativa da boa educação ofertada gratuitamente pelos pais. Com isso, por analogia, fica claro que não aprendeu a receita do velho pão caseiro, que, sem influência de fermento, se faz com água, sal e trigo. A boa qualidade do pão é, por consequência, a isca deixada para a próxima fornada, para o futuro. Assim é a educação, o passado soma, contribui com a tradição e que outrora os pais receberam. Negar isso é assinar um atestado de fracasso da sua existência. Como o pão caseiro, que se faz com três ingredientes, a educação se constrói com amor, disciplina e bons exemplos.

Questionamos, no início deste título a razão do desequilíbrio na educação e formação, que compromete e se vê a olho nu. Observa-se nos dias de hoje situação constrangedora, não por culpa exclusiva dos jovens, mas pelo caminho natural da evolução, por exemplo, a má influência da informação visual, oral e escrita. A telecomunicação audiovisual cresceu e, sem resistência, trouxe dificuldade extrema para a educação em todas as classes sociais. Por consequência, o filho longe dos bons princípios morais e da estabilidade financeira, a escassez no horizonte, um sonho que se tornou limitado. Impossibilitados, os pais padecem, salvo raras exceções, os mais atenciosos, contrários a esses comprometimentos.

Acredito fielmente, se dada a credibilidade para a velha educação familiar, com o devido cuidado escolar, seguir em frente, com os olhos voltados para os valores desta magnífica geração do passado em extinção. Irá fazer florescer um novo caminho para o jovem de hoje, a certeza de sucesso no amanhã. Um novo jeito de ver a vida e pensar positivamente, a certeza do melhor conhecimento para a satisfação profissional. Consequentemente, o otimismo trará motivação e contribuirá infinitamente para o sucesso pretendido deste jovem sonhador. Portanto, quanto à necessidade natural do zelo dos pais pelos seus filhos, cabe a eles a honraria, não por serem superiores, absolutamente, mas pelo crédito da paternidade, da maternidade, a vida. O pensador ***Aristóteles,*** de inteligência ilimitada, considera nas suas escritas os filhos como eternos devedores aos seus pais: "(...) a amizade pede a um homem que faça o que pode e não o que é proporcional aos méritos do caso, visto que isso nem sempre é possível (por exemplo, no caso das honras prestadas aos deuses ou aos pais), pois ninguém jamais lhes poderia pagar o equivalente do que recebe, mais o homem que os serve tanto quanto está ao seu alcance é considerado um homem bom.

É por isso que não parece lícito um homem deserdar seu pai (embora o pai possa deserdar seu filho); como devedor que é, deve pagar, mas nada do que um filho possa fazer será equivalente ao que recebeu, de tal forma que ele continua sempre em débito. Mas do mesmo modo que credores podem perdoar uma dívida, também um pai pode fazê-lo.

Ademais, pensa-se que ninguém repudiaria um filho, a não ser que este fosse profundamente; com efeito, deixando de lado a amizade natural entre pai e filho, é próprio da natureza humana não negar ajuda a um filho. Mas se este de fato é perverso, evitará ajudar o pai ou não fará muito empenho nisso, pois a maioria das pessoas deseja receber benefícios, porém evita fazê-los por considerar que isso não lhe traz proveito".

A consequência da má formação do filho

A felicidade, a segurança financeira do filho, é a realização do sonho dos pais. Lembre-se! Seus pais foram jovens como você, pesquise, informe-se. Verá que existe um passado sublime, os sonhos não envelhecem, ficam armazenados em um arquivo secreto no subconsciente. Todos os sonhos do passado foram congelados devido às dificuldades do trabalho, à paternidade, à maternidade, ao seu nascimento. Agora, a expectativa, com as rugas aparentes e a vida por desfrutar. Vale a pena acreditar na determinação e na experiência deste homem, a pérola do século XX, que surgiu, talvez pela contribuição do sofrimento dos seus antepassados, que passaram por guerras e dificuldades de imigração. Vieram em busca de novos horizontes e chegaram em você! Chegaram ao polimento ímpar, marcado e reconhecido no mundo, em especial na nossa terra chamada Brasil. Com isso, você, filho, fique atento a todos os títulos da Primeira fase deste livro. Às custas do seu talento, do seu dom, superar as dificuldades e chegar à liberdade financeira com planejamento. Lembre-se! Nas suas mãos não está apenas a direção do seu caminho, está também o caminho da realização dos sonhos dos seus pais. Você erra, eles sofrem. A certeza de que fizeram todo o possível para a sua boa formação. No entanto, na estrada de qualquer um, as pedras interferem mesmo contra a vontade; prepare-se para a condução da sua vida, alheio às condições financeiras de quem quer que seja, muletas foram feitas para os extremamente necessitados.

A vida é feita de escolhas, nem sempre fazemos a melhor. Compreenda, prepare-se para carregar o peso da sua escolha; no acerto ou no erro, gera responsabilidade. Lembre-se! Você erra, os seus pais sofrem e a vítima é você. Pense que, no futuro, você estará na condição de seus pais, não mais de filho. O equívoco do passado traz consequência no futuro. Consequentemente, culpar outrem por seus erros não é justo. Seus pais também podem cometer equívocos, como você. Assim, desumano é pedir socorro a quem fez o que pôde por você. Afinal, para os seus pais resta a perspectiva do bônus. Saber ouvir é o caminho para que o erro não ocorra. Não hesite, o seu equívoco o levará à prática dos *Provérbios 22:6: "Instrua a criança segundo os objetivos que você tem para ela, e mesmo com o passar dos anos não se desvia-*

rá deles". Assim, se ocorrer equívoco sucessivo, a situação se repetirá por gerações e se perpetuará na privação do bônus. Cuide de seus passos, no caminho, as pedras não interferem, elas são fixas. Cabe a você saber conduzir os seus desígnios e desviar sabiamente das situações que possam interferir negativamente em sua formação.

Um sonho, lugar de criança é na escola

Uma situação dividida entre dois mundos. De um lado, nos países desenvolvidos, o conforto, as condições financeiras satisfatórias geram a antecipação da criança na atividade escolar, aparentemente de maneira positiva. De outro, nos países subdesenvolvidos, a falta de estrutura, o desconforto, a deficiência financeira, crianças longe das escolas mundo afora, uma realidade insana. Vejamos:

Com o benefício financeiro e cultural dos países desenvolvidos, podemos desconfiar com exatidão se existe vantagem no ingresso de uma criança na escola com quatro anos ou menos idade no maternal. O mundo acelerado, competitivo, a necessidade do trabalho; surgem decisões inconsequentes ou indesejadas. Sem planejamento, a introdução precipitada da criança na escola ou creche acaba por interferir na opção de maneira negativa, os filhos com muito pouca idade longe dos pais.

Haja visto que, há poucas gerações, o ingresso na escola acontecia aos 7 anos de idade. Esse privilégio resultava na formação com segurança e no sucesso profissional comprovado. Essa foi a geração de crianças de pés no chão, em que se permitia estar nas ruas sem riscos, não havia estresse e não se conhecia *bullying*. Com o ingresso na escola com mais idade, as diversões e as realizações da infância fortaleciam o aprendizado e a determinação para resolver os impasses e frustrações no futuro. A primeira infância, momento único e breve, era valorizada no sentido de não acelerar, brincar e deixar viver suavemente a infância. Os pais eram presentes e a educação acontecia em casa. O amadurecimento sem exigência precoce não divide, com o tempo adiciona. O que parece acontecer, por motivos óbvios, é que a criança não tem pressa e muito menos interesse no crescimento mental e desenvolvimento acelerado. Isso ocorre pela necessidade dos pais, relacionada às ofertas excessivas de informações pelos meios de comunicação. A pressão equivocada da certeza pedagógica leva ao adiantamento do filho na escola.

A falta de conscientização e planejamento dos pais, devido à necessidade de tempo, inclusive para o trabalho, acaba por proporcionar desequilíbrio no aprendizado, a razão do desinteresse dos filhos do século XXI.

Enquanto isso, nos países subdesenvolvidos, a escolaridade está longe de estar em primeiro plano, superar a fome está em primeiro lugar. A pretensão dos pais fica à deriva, um sonho o filho na escola, resta o sacrifício marcante no sustento. Nestas condições, as dificuldades da família, o trabalho escasso, às custas da informalidade, contribuem para que os filhos fiquem jogados à própria sorte. É desnecessário grande conhecimento de causa, vistos a olho nu, a fome dos menos favorecidos, o abandono infantil, por consequência, a exclusão social. Um contrassenso em um mundo que se diz moderno e globalizado. A subordinação leva à falta de consciência, prevalece apenas o direito prejudicado de sobrevivência, matar a fome.

Com isso, a oportunidade de expor um pensamento, no sentido de se proporcionar um equilíbrio positivo na formação da criança, melhorar a qualidade na alfabetização e diminuir a exclusão social, vejamos:

Uma política governamental, não idealista, apenas no sentido de conter o crescimento populacional nos países subdesenvolvidos, com programas de conscientização. Otimizar a perspectiva dos pais com esclarecimento e planejamento familiar, trazer a melhor educação a um número menor de filhos. O resultado: qualidade de vida, digna e feliz, para os que nascerem, simples assim. Conscientizar os pais do benefício da qualidade de vida em todos os sentidos; em vez de seis, apenas três filhos.

Em alguns países desenvolvidos, onde a conscientização foi excessiva, provocou-se a diminuição populacional de crianças e jovens. Resultou no desequilíbrio na faixa etária e, por consequência, desencadeou um problema social.

O excesso da conscientização da dificuldade entre os dois mundos, com relação à natalidade, é oposto: nos países desenvolvidos, a consciência é excessiva, no sentido de dizerem não à paternidade. Ao contrário, os países subdesenvolvidos dizem, inconscientemente, sim à paternidade. O que traz, claramente, um desequilíbrio cultural, com consequências de ordem social e econômica. A dificuldade não está apenas na compreensão e conscientização das pessoas de ambos os povos, mas, sim, na falta de interesse de uma política voltada para esse fim. Oxalá a conscientização do mundo, a base da educação desde o berço e uma criança na escola sem fome.

A prioridade são as divisas financeiras, tecnológica espacial, industrialização, fortalecimento econômico, às custas de qualquer providência em benefício da educação. A covardia impera, os caciques no ponto alto, muitos deles, algumas vezes se esquecem da sua própria origem, arrotam supremacia nas bases de seu império, diminuem, não lembram de se colocar no lugar de qualquer um de seus vassalos, fazem sofrer, impostos ao rei.

Infelizmente, o que resta para os países subdesenvolvidos, doces lembranças dos privilégios da infância, aos filhos de pais abastados. De resto, o sofrimento de milhões de crianças que não tiveram a oportunidade de fazer manha, por desejarem um simples brinquedo e não estarem, no momento certo, em uma sala de aula. Seria o primeiro passo para sustentar a dignidade e despertar a imaginação para um futuro otimista de uma criança – um sonho, lugar de criança é na escola.

A nossa pretensão, longe dos privilégios do conteúdo do livro da jornalista americana ***Pamela Druckerman***, *Crianças francesas não fazem manha: os segredos parisienses na arte de criar filhos,* que escreve sobre as boas maneiras da educação de seus filhos, à moda francesa, um privilégio, uma outra realidade. No entanto, os riscos do privilégio financeiro na formação são os mesmos entre os dois mundos, quando se trata de filhos abastados. A estrutura pode contribuir de maneira positiva na educação, porém o risco na formação permanece o mesmo, a falta de direcionamento dos pais por estarem ausentes. Nesse sentido, atribuímos a premissa de que "o mais pode vir a ser menos". As condições e facilidades do privilégio, exposto no título *Pai rico, reflexo negativo para o filho*; o zelo e a atenção dos pais são fundamentais para que não ocorra o desperdício, através dessa facilidade.

Dom - Talento - Habilidade

O dom é a magnitude da capacidade de desempenhar uma determinada atividade de forma natural, como se fosse um presente dos deuses, ao contrário da dificuldade da maioria das pessoas. Saber utilizá-lo é como ter a certeza de plantar boas sementes e no futuro colher bons frutos. Assim, como a perfeita base familiar contribui positivamente para a educação, o dom há que prevalecer à escolha de uma profissão. Deixar a vontade de terceiros interferir não é correto. O que normalmente ocorre por ingerência da família, opinando em favorecer a satisfação financeira, por intermédio desta ou daquela profissão. A escolha do filho nem sempre é respeitada, e, ao se deixar levar pela interferência, ganância, pressão da família ou da sociedade, corre-se o risco da decepção profissional no futuro.

E ainda, infelizmente, o que ocorre demasiadamente em situações de extrema necessidade financeira e sobrevivência, não resta alternativa, deixa perder-se a opção pela preferência do seu dom. Com isso, uma vez frustrada a essência por qualquer razão, deixa de suportar a carreira pretendida pelo dom. O pior dos sacrifícios é a opção pessoal, com o pensamento voltado apenas para o aspecto financeiro, o risco é grande. Ainda, caso não ocorra o desenvolvimento de um novo talento, restará definitivamente a opção da habilidade, que contribuirá para o exercício profissional. Fora essas alternativas, o futuro profissional ficará à disposição da informalidade e oferta de trabalho que houver. Restará um vazio, ficará faltando algo no meio do caminho, alheio à sua vontade. No passado, a falta da melhor escolha condenará e sacramentará o futuro pela ausência de dom, talento e habilidade. O preço será a insatisfação pessoal e a vida sem brilho. Não há felicidade plena sem a realização profissional no trabalho, senão às custas da sua verdadeira capacidade, haverá frustração. No mundo real existe insatisfação e, na memória, um sonho que ficará para trás. Essa situação assola grande parte da população mundial.

A insatisfação profissional é resultado da falta de critério no momento certo da escolha. A grandiosidade na realização que define o futuro é o brilho nos olhos pelo que se faz. Respeite a sua natureza, observe o que existe em você, todos temos qualidades; descobrir as vontades simples do dia a dia, o que lhe agrada fazer com alegria. Basta acreditar e terá encontrado o seu caminho.

Na dúvida do seu dom, talento ou habilidade para a realização profissional, um teste vocacional pode ser necessário e trazer benefícios. Irá contribuir certamente para ajudar a encontrar um caminho com relação à sua capacidade. Para o dom, entendemos não haver meios de encontrá-lo por esse artifício de teste vocacional, ele é independente e intrínseco à natureza individual. O dom não se procura, ele vem pronto, ele é essência.

As sábias palavras do filósofo ***Willian James***, americano, nascido no século XIX, de formação na escola de medicina em Harvard, que se declinou para a filosofia e a psicologia, considerado o pai da psicologia nos Estados Unidos da América, reforçam nosso entendimento: “Não deixemos que jovem algum se preocupe com o resultado final de sua educação; qualquer que tenha sido o rumo escolhido. Se ele se conservar sinceramente ocupado durante todas as horas de trabalho diário, pode, seguramente, deixar o resultado final entregue a si mesmo. Ele pode, com toda a certeza, confiar em que, uma bela manhã, verificará ser um dos indivíduos competentes de sua geração no ramo de atividade, seja lá qual for, que tenha escolhido".

É de difícil compreensão o desperdício. Se por um motivo ou outro houve a escolha equivocada, haverá uma alternativa?

Um grande número de pessoas que não encontraram um caminho reto profissional, com relação à sua capacidade, há de persistir em encontrar uma qualidade, inerente a sua pessoa. Somos capazes, incrivelmente absolutos na busca do potencial desconhecido que há dentro de cada um de nós. A determinação e o instinto natural, que insistem em não desistir hão de prevalecer.

Nos termos deste título, o exemplo de ***Willian James*** se encaixa em duas situações com o nosso entendimento, no sentido de realização profissional, através de seu dom: **a primeira**, por não praticar a medicina, considerando a sua primeira opção na formação. Persistiu em busca da sua essência, chegou à satisfação de realização profissional no campo da filosofia e da psicologia. **A segunda**, a sua palavra como filósofo e psicólogo, que contribui com maestria no nosso entendimento, e a possibilidade de nova oportunidade em busca das qualidades dentro da própria capacidade. Ele disse: "o homem comum desenvolve apenas dez por cento das suas capacidades latentes (...) homens que não se encontraram a si próprios. Comparados ao que poderíamos ser". Com isso afirma: "estamos apenas meio despertos. Estamos fazendo uso apenas de uma pequena parcela para nossos recursos físicos e mentais. Falando de um modo geral, a criatura humana está vivendo, assim, muito aquém dos seus limites. Possui poderes diversos que, habitualmente, deixa de usar".

Portanto, apesar de haver controvérsias na sua afirmação de que o homem comum desenvolve apenas dez por cento da sua própria capacidade, mesmo nestes termos acreditamos haver alternativa, existe uma saída no caso de frustração ou um aprimoramento posterior ao que se fez, uma nova tentativa de realização. A psique está muito além daquilo que utilizamos e desenvolvemos, nos falta o treino do desenvolvimento da mente. A ciência, neste caso, como se fosse matemática, porém na dúvida entre os números de cromossomos, comprova cientificamente que somos a soma de 23 ou 24 cromossomos da mãe e 23 ou 24 cromossomos do pai, mesmo assim, desperta, à luz de uma possibilidade ímpar, uma nova qualificação, pelo dom, talento ou habilidade, em razão da soma, os 46 ou 48 cromossomos. ***Amram Scheinfeld*** (1897-1979), nascido em Louisville, EUA, estudioso da genética humana, em seu livro intitulado *Você e a hereditariedade*, diz: "Em cada um desses cromossomos pode haver proveniente de alguma parte, desde dezenas e centenas de genes – sendo que um único gene, em alguns casos, pode modificar toda a vida do indivíduo". Somos, não há dúvida, "terrível e maravilhosamente" feitos geneticamente. Assim, a probabilidade e o atrevimento de um único gene se manifestar no subconsciente da nossa mente, em qualquer momento e em qualquer fase da vida. Fazer a grande diferença, florescer uma verdadeira e nova qualidade para as suas realizações, se apropriando de mais uma nova habilidade. Uma pérola oculta, que surge das profundezas do corpo humano, através da ciência dos homens e avalizada por Deus.

A sustentação dessa nova tentativa é transparente, existem centenas de casos de surgimento de grandes novos talentos, em todos os segmentos profissionais. Às vezes, já no entardecer da vida. Se não antes, depois a realização, sem culpa e frustração do passado pela incorreção profissional que se apresentou. A satisfação preenche e se torna prazerosa, com a efetivação do que se pretende. Pode-se dizer que surge uma nova atividade, por excelência uma nova paixão. Desta forma, devemos erguer as mãos aos céus e agradecer por vivermos até tempos tardios e termos uma realização profissional como se fosse um bônus. Rezar e tomar uma xícara de chá não faz mal a ninguém, agradeça.

Confesso a busca incansável do desconhecido em qualquer lugar e a esperança de mais uma surpresa na manifestação de um novo gene perdido. Vislumbrar um novo mundo e correr atrás de novas realizações, graças a um novo dom, talento ou habilidade. A surpresa do novo fascina, considerando que tudo surge a critério da vontade e da determinação individual de cada pessoa. Devemos nos propor a novas situações que elevam o espírito, às novas descobertas de genialidade, e enriquecer as nossas realizações. Por isso, desistir jamais, ledo engano. Um exemplo de minha autoria: dar-se por satisfeito na profissão, como advogado, não por insatisfação, mas pelo sentimento de papel cumprido, em busca do novo e do autoconhecimento. A medida trouxe surpresa pela ousadia e atrevimento. No entanto, acredito no despertar de um novo dia, um novo gene, curioso, atrevido e insatisfeito, em querer também cumprir o seu novo papel. Proporcionar mais um desafio, inimaginável e inesperado aos olhos das dificuldades que não existem. Basta desejar, ter sede de vida e ser vibrante. De acordo com a natureza de cada um, novas situações de vida surgirão a todo vapor. Incompreensível o descaso para com a vida, se há sonhos por se realizar. Inadmissível a comodidade, se há saúde física e mental. Se isso ocorre, certamente está havendo uma sincronia de percepção em relação à vida e ao tempo. A vida passa e o tempo continua. O tempo, como se fosse estático em relação à vida, não acaba, é infinito. As intempéries geográficas e climáticas existem há milênios e continuarão, e nada interromperá o tempo. Uma verdade nada filosófica, a cada vinte e quatro horas, uma noite e um dia. Isto é fato. Nós, seres humanos, pobres mortais, um dia não amanheceremos ou anoiteceremos. Isso também é fato.

Ele, o tempo, é indiferente a toda e qualquer situação de transformação, não se importa com ninguém, não está nem aí. É supremo por toda a eternidade.

Com isso, considere que a vida é agora, realize seus sonhos, por mais infantis que eles possam ser.

"Ninguém determina do princípio ao fim o caminho que se pretende seguir na vida; só nos decidimos por trechos, na medida em que vamos avançando".

Montaigne

Da infância à universidade

Fase de transição vital, meteórica. Em um piscar de olhos, o primeiro e grande susto, decisão que definirá todo seu futuro, um novo divisor de águas: da suavidade do colo materno a andar com suas próprias pernas; das belas tardes de domingo ao peso da responsabilidade; do paraíso encantado da adolescência aos corredores da universidade ou não; da graciosidade da juventude ao pensamento voltado para a robustez profissional. Tudo agora se resume à escolha de uma profissão, a decisão máxima que o guiará para o sucesso ou fracasso no decorrer da vida.

Momento breve para formação do caráter e consequente personalidade. Não há escolha, o futuro o espera, avança ininterruptamente, como se fosse uma avalanche, deixando todos os sonhos e as belas ilusões da juventude para trás. O futuro chegou! Restando, como contos, belas lembranças da infância. É como aprender a andar de bicicleta sem as rodinhas, os tombos serão certos, como um novo pôr do sol no amanhã. Agora, o início do seu futuro é por sua conta e risco.

A escolha de uma profissão de acordo com seus ideais. Com sorte, a inclusão em uma universidade, comprometida com a formação, não idealista. Imaturos ou convictos, só o tempo revelará a exatidão da sua escolha. O filósofo francês ***Jean-Paul Sartre*** (1905-1980), considerado o representante da corrente filosófica existencialista, afirma, em síntese, que a existência precede a essência e o homem será apenas o que projetou ser, não o que ele quis ser, fazer ou ter. Somos o projeto que estamos vivendo, e esse projeto é uma escolha, cuja responsabilidade é apenas do próprio homem.

> "O projeto – (...) é possível encontrar, na origem de cada existente, uma escolha fundamental que informa todas as suas ações, os seus gostos, as suas paixões, os seus comportamentos, que é a sua própria maneira de tentar realizar-se enquanto soi (sou) ou, por outra palavras, que é escolha de si mesmo. Esta escolha que remonta desde muito longe ao passado, a todas as primeiras experiências da vida, é perpetuamente retomada e reafirmada através de cada nova experiência. Pode-se dizer, a este respeito, que 'os comportamentos do *Pour-soi* (por si, para nós, para si mesmo) realizam esse passado'. Esta escolha, ou projeto de ser, é uma escolha livre, aquilo que é próprio de um projeto, uma vez que este se define pelo seu fim que está na frente dele e não por uma série de causas antecedentes. O fim é dado por uma consciência que se motiva a si mesma, como foi dito, ou seja, que confere aos próprios motivos o seu peso determinante. É também uma

> escolha consciente (ao contrário das repressões infantis da psicanálise), mas não estamos aqui no plano da reflexão: a consciência que opera a escolha original é uma consciência irrefletida, esgota-se por inteiro no ato pelo qual escolheu o seu projeto e não pode proceder a uma crítica de si mesmo. É o próprio mundo que lhe parece nesse instante como atraente ou repugnante por este ou aquele dos seus aspectos, é na evidência da coisa que ela julgar tornar-se. Assim, a consciência reflexiva, que terá mais tarde o encargo de confirmar a escolha e de a justificar, não terá conhecimento da própria escolha original que nunca poderão ser postas em questão".

Entretanto, é na primeira fase da vida, momento da formação, que as escolhas essenciais devem ser feitas. Com isso, ainda muito jovem, pode deixar de fazer a escolha correta da profissão que se pretende exercer no futuro, através de uma universidade ou não. Isso pode ocorrer por vários motivos, entre eles a insegurança devido à pouca idade, intervenção dos pais na escolha do filho, insuficiência financeira dos genitores, localização geográfica, desinteresse por falta de orientação familiar e por muitas outras razões. Dentre estas situações, duas merecem destaque, com relação à Teoria do Existencialista de Sartre. Vejamos: a primeira, a insegurança devido à pouca idade: há que prevalecer o bom senso, equilíbrio razoável, tempo justo e necessário para a livre escolha. Há que se admitir segurança para a escolha. A segunda, a influência dos pais na decisão da livre escolha do filho, normalmente com pouca idade, também não procede. É o que ocorria demasiadamente no século XIX, em que os filhos de famílias abastadas eram enviados para estudar nas escolas da França, por imposição da família e por *status*. Infelizmente, ainda nos tempos de hoje, filhos deixam prevalecer a vontade da escolha profissional pelos pais, com objetivo financeiro, ficando à deriva a real e verdadeira essência: o dom, a supremacia do seu Eu.

Com isso, ouso comentar o grande e respeitado filósofo ***Sartre*** na sua teoria existencialista, onde diz que a existência precede a essência. Sim, é fato que a existência precede a essência, primeiro nascemos. O engatinhar sucede passo a passo para o aprendizado. No entanto, próximo à idade de ingresso na universidade ou escolha de uma profissão, não agrega experiência e conhecimento suficientes para a livre escolha do que pretende. Ele justifica quando diz: "Esta escolha que remonta desde muito longe ao passado, a todas as primeiras experiências da vida, é perpetuamente retomada e reafirmada através de cada nova experiência". Sim! Essa ideia confirma que a experiência é sucessiva e demonstra o amadurecimento progressivo para a livre escolha, ainda que precoce. Com isso, mesmo na dúvida, alguns aventuram-se na tentativa de ingresso em uma universidade, na escolha de um curso técnico ou trabalho isento de formação, dispondo-se ao acaso profissional. A falta de essência para decidir o seu futuro profissional, seja em um curso universitário ou adjacentes, penaliza, sacrifica, sem culpa. Por isso, se lança à própria sorte, com a expectativa de acerto, consciente ou inconscientemente de que o erro na escolha pode ser fatal.

> "(...) não é nunca a nossa situação que escolhemos, mas é a nossa atitude em relação a ela e o que nós fazemos dela. É livremente que a recusamos ou a ela nos resignamos. Existem ainda mil maneiras de nos resignarmos ou de nos recusarmos (incluindo aquelas que consistem em recusar, mesmo aceitando e em recusar efetivamente, mesmo julgando resignar-se). É sempre livremente que nos tornamos escravos e a atitude perante a situação confunde-se precisamente com o projeto fundamental".

De fato, as escolhas estão ligadas diretamente aos interesses pessoais e são fortalecidas pela essência, o que filosoficamente está correto. Na prática, com a pouca idade, carreados por caminhos às vezes obscuros do passado, com dificuldades de todas as ordens; além da precariedade da estrutura familiar e educacional, não há amadurecimento suficiente para tomar decisões relevantes. A escolha prematura de uma profissão sem a devida convicção, deixar se levar por influências e pressões, pode acabar por atrapalhar sua qualificação. O risco da má escolha implicará na extrema frustração profissional no futuro. Com isso, certamente não suportará o equívoco, restando-lhe a resignação, a aceitação ou a possibilidade do abandono profissional no futuro. Uma pressão covarde a um adolescente, que gera insegurança, traz prejuízo de todas as ordens e deixa de estimular suas pretensões para o futuro.

Para que isso não ocorra, deve-se buscar a verdadeira essência, questionada e acompanhada sem influências. Prevalecendo a excelência da sua existência, a profissão da sua alma, o seu talento, o dom acima de tudo, fortalecido pelo seu "Eu".

Segundo ***Sartre,*** "Se o projeto é uma escolha e o homem possui liberdade incondicional". Afirmo que as condições dessa escolha, com a pouca idade, é demasiadamente equivocada. A essência neste momento é duvidosa, porém crucial para a livre escolha. Dessa forma, devem prevalecer o dom e o amadurecimento para uma justa e acertada escolha.

Caso ocorra a escolha, sem objeção e pressão dos familiares, que normalmente são voltados com interferência no resultado exclusivo das finanças, teremos aqui um jovem privilegiado. A escolha correta da profissão no tempo certo, com pouca idade. Certamente obterá satisfação da realização no exercício profissional, não restando frustrações e arrependimentos. O resultado, no futuro, é um profissional por excelência, que ama o que faz. Acertadamente respeitou o seu verdadeiro dom.

Parabéns! Continue buscando qualidade de vida e lembre-se de viver intensamente o presente, com planejamento para o futuro e de olho no bônus.

Um belo exemplo, em um voo de Milão para o Brasil, presenciamos um fato clássico de insatisfação de um pai brasileiro, ***J.P.***, cuja bela filha ***L.P.***, com 20 anos, satisfeita e feliz, fora contratada para as passarelas da tão sonhada Milão. O pai contrariado, porque a filha abandonou a faculdade de Direito, no Brasil, para a realização de seu sonho, nas passarelas de Milão. Tamanha coincidência da nossa teoria e tema deste livro, em defendê-la naquele momento, com os nossos argumentos sobre o acerto da sua escolha na carreira profissional, através do seu dom. A alegria incontestável da promissora manequim internacional em encontrar apoio casual e de maneira despretensiosa, a conquista da sua profissão através de seu dom, à revelia da vontade de seus pais. Foi gratificante ver naquele momento, como se agradecesse, através de um grande e espontâneo sorriso, prevalecer a sua vontade, buscando a realização profissional de acordo com sua essência. Nesse maravilhoso exemplo, a pretensão e a busca da satisfação da vontade verdadeira, a carreira profissional, não pelas portas da universidade, mas sim pelo dom divino, as passarelas da vida em suas mãos. Avesso aos padrões da sociedade e à vontade de seus pais. Fez de um projeto de escolha pessoal, respeitar seu talento e sua futura carreira profissional.

Reforçamos que a fragilidade na escolha sem o amadurecimento necessário, devido à pouca idade, não é justa. Ainda, devemos considerar os fatores internos e externos para o fortalecimento da essência para a livre escolha: a base da educação, as experiências negativas, as frustrações, os medos, as dificuldades, o meio social, geográfico e cultural.

Contudo, o amadurecimento para a livre escolha na idade juvenil não é simples, mas, por falta de outra alternativa, é essencial. As influências conscientes, na educação desde a primeira infância, são fundamentais para adquirir segurança e equilíbrio nas decisões. Se ocorre ao contrário, com influência arbitrária no aceleramento do conhecimento ou descaso na educação, inconscientemente, segue o fluxo, torna-se resistente às opiniões contrárias, e isso não é bom. Por consequência, a falta de consciência traz insegurança no futuro para a livre escolha. Por exemplo, desde o começo, a vontade de uma criança prevalece em busca de um simples brinquedo, sem cerimônias, a propriedade alheia em suas mãos, o brinquedo. Não se importa, não admite frustração, caso contrário, a casa cai. Mais tarde, a competitividade, somada à insegurança adquirida por pressão na escolha, devido ao aceleramento na educação escolar, implicará diretamente na razão e nas decisões ao se distanciar da infância e aproximar-se do início da idade adulta. Assim, as dificuldades e possíveis frustrações no decorrer do desenvolvimento da atividade que escolheu serão inevitáveis.

A insatisfação profissional é alarmante, o alto índice de desemprego é o que muito contribui para a exclusão social. Faz com que profissionais se disponham a aceitar qualquer ofício, para suportar as necessidades inerentes a sua sobrevivência.

Assim, o jovem estudante dividido entre as dúvidas da livre escolha no emaranhado e nebuloso campo das atividades existentes para a realização de suas necessidades e sobrevivência, com a sua profissão. Somado à falta de amadurecimento devido a sua precocidade, impede o seu caminho reto. Porém, manter a sua realização, consciente de ter buscado o melhor para si e ser um vencedor.

O namoro é a cereja do bolo

Atrevo-me mais uma vez a ir fundo no sentido de dividir e conscientizar neste título que o namoro é a cereja do bolo, com base na experiência da vida noturna, não obstante o sucesso profissional, o que me fez acertar e evitar frustrações pelo caminho. Considerando, obviamente, que a vida não é como uma simples receita de bolo, erramos muito e aprendemos com os erros. A intenção é a tentativa de diminuir os erros, fazer entender que o tempo é necessário para o amadurecimento. Concluída a formação, ter a plena convicção para a constituição familiar, com maior possibilidade de acerto do que antes. Assim, não terá motivos ou desculpas por não ter dado certo, terá a formação e mais idade a seu favor. Com o amadurecimento, terá menos chances de equívocos, consequentemente, menos arrependimentos. A solteirice, até o momento adequado, favorece o benefício da convivência familiar, inclusive por estar na responsabilidade dos pais. Você! Seus estudos e nada mais. Mas o amor é voraz. Não admite aceitar e resistir ao fogo da paixão, sob a alegação de correr o risco de perder o momento e o amor da sua vida. Bobagem! Não se esqueça: o namoro é a cereja do bolo. Deixe o tempo passar, namore, dedique-se à formação, com os anos, você estará certificado, formado, pós-graduado e convicto da escolha feita com relação à pessoa amada. Se o amor perdurar, revelar-se verdadeiro e seguro ao longo desses anos, a decisão terá sido acertada. Sem riscos de arrependimentos, antes, a seu desfavor à pouca idade, depois, considere que terá maior consciência, segurança e estabilidade financeira. Aí sim! Muito simples, case-se.

Portanto, mais uma vez, não se esqueça: o namoro é a cereja do bolo, momento de começo de vida. O casamento, misturado com a realização profissional, pode levar a uma inversão de brilho no relacionamento. Essa concorrência pode ser cruel e competitiva com o seu amor. É devagar que se vai longe, não se precipite. Observe ao seu redor, verá que o número de separações é grande. Restará, além dos filhos, se houver, a separação judicial. Nesse caso, é o fim, o recomeço para outra história.

Casamento prematuro

Inúmeras foram as experiências em presenciar casamentos prematuros, sociedades de fato durante o exercício da profissão. Dos bancos escolares, ainda juvenis, aos bancos da universidade, o momento de aprendizado confunde-se com a magia do amor e se torna pretenso candidato a ser chamado ao enlace do matrimônio. Considero que a paixão não é racional, é emoção, surge uma nova oportunidade de equívoco, como no passado, a escolha de uma profissão às vésperas do vestibular. Agora! O que fazer? A tentativa de concluir os estudos universitários, desviando-se das flechas de algum cupido e nessa instituição não temos várias alternativas, apenas duas: dar certo ou errado e ponto final. Assunto delicado e reservado à opinião de terceiros. No entanto, contra esse fogo não há água que dê jeito, a brasa queima e se consome. O resultado, só o futuro saberá. Por isso, ouso manifestar-me nesse assunto delicado e sensível a aceitação de opiniões. Difícil! Mas necessário. Posso afirmar que, nesse sentido, presenciei de tudo um pouco. Desde o aconselhamento paterno e materno, o ajoelhar-se de uma mãe desesperada aos pés de sua filha, para que não se rendesse ao casamento antes de ter melhor idade e formação. Quando a situação não é superada e é levada a fato, raras exceções de sucesso ao longo dos anos pude presenciar.

O risco trará diversas consequências para um projeto justo e equilibrado, na realização positiva das três fases da vida com sucesso. A pouca idade, somada às responsabilidades na constituição de uma família, ainda no curso dos estudos, será um passo que o levará ao abandono, às incertezas com relação ao que antes era essencial, a formação.

No dia 13 de dezembro de 1986, na formatura da Faculdade de Direito, ainda nos últimos instantes, se dispôs a transmitir o seu conhecimento como professor, recebi do nobre causídico, Dr. *João Lacerda de Azevedo* (*in memoriam*), magistrado aposentado, professor de direito civil, com mais de 70 anos, outrora os bons tempos do judiciário. Em um breve momento, conferiu-me de maneira reservada, no auditório, a confiança para que propagasse a frase que herdou, ainda como estagiário, do grande jurista Ruy Barbosa, na cidade de Salvador, Bahia. A frase que o acompanhou na fé durante a vida e em obediência à justiça:

"Vencerás na grande paciência."

Refiro-me a esta lembrança por ter levado a sério esse ensinamento, como um norte a ser seguido por toda a vida. Mesmo porque uma orientação vinda de alguém com muita experiência no mundo do Direito Civil brasileiro e longevidade também no relacionamento conjugal.

As oportunidades de matrimônio não me faltaram. Levei a sério os ensinamentos recebidos que serviram para todas as situações da vida: "vencerás na grande paciência". Somadas a isso as experiências utilizadas nas linhas deste livro, o aproveitamento das experiências alheias contribuíram para o acerto. Afinal, não somos exceção, mas sim um ser único e individual, falível. A oportunidade de relacionamento normalmente sorri para todos. Portanto, não seja prematuro, o tempo, neste caso, é o seu melhor amigo. Pense bem!

Estou pronto para o casamento

Que maravilha! Imaginemos a realização profissional ou mesmo sem ela, o amadurecimento chegou e, por coincidência, o amor reluz à favor da união matrimonial.

Temer o destino, deixar de buscar as suas realizações por medo, não justifica a razão da sua existência, pelo menos aqui na terra ou, talvez, em Marte. O amor parece ter hora marcada, do encontro ao desencontro, acontece, sabe que é inevitável, se entrega a projeção para o futuro, como se fosse o destino. O tempo será o juízo da sua opção, o céu ou o inferno. Não foge, arrisca-se ao sabor do inevitável desejo. Se errar, a conta vai chegar, não importa, com os erros a certeza do acerto incerto, a dúvida não justifica. No entanto, compreenda que surgirão caminhos a percorrer, desde o início, antes, durante e depois. Antes, como se descobrisse o caminho para o céu em vida, de dia com flores e beija-flores por todos os lugares, na noite, encontrará no céu até mesmo as constelações. Durante, como se realizasse o sonho de percorrer todo o caminho de Santiago de Compostela, belo, árduo, os tropeços são inevitáveis, mas no final há o sentimento de realização. Depois, no caso de separação, se não houve o mesmo amadurecimento do início para se chegar ao casamento, a escolha, o caminho como se fosse percorrer os campos minados das batalhas da guerra do Vietnã, as lesões serão certas.

Neste título, um breve enunciado do zelo para buscar a felicidade a dois. A felicidade, primeiro, deve ser única, cada um feliz ao seu tempo, o outro não deve ser uma escora para isso, ele pode contribuir, mas também pode destruir o que existia em você. Com isso, considerando todas a variáveis do relacionamento, negativo e positivo. Lembre-se! Entre tudo que pese, você não se casa apenas com a sua cara-metade, casa-se também com a família do outro. Com isso, o reflexo do acerto e do erro, o risco do relacionamento. Um casamento bem-sucedido é a alavanca para a felicidade e, por consequência, o sucesso almejado. Essa história tem que ser vivida, o caminho é belo e sinuoso, por ora não me atreverei em detalhes, você deve viver a experiência, depois você responde para si mesmo qual caminho encontrou.

Um exemplo, outrora atividade profissional, o cliente A. G., separado de fato e não de direito da sua ex-legítima esposa há poucos meses, nos procurou para oficializar a separação judicial junto aos órgãos competentes. Entusiasmado, havia conhecido a verdadeira cara-metade de sua vida, a querida professora maternal da cidade do interior, onde ele praticava a sua atividade agropecuária. Argumentei se o pouco tempo de relacionamento era suficiente para conhecer a essência da sua pretendente. A recusa foi imediata, a certeza do seu amor imperou, estava convicto, o enlace foi sacramentado. Com pouquíssimo tempo, a visita inesperada, a surpresa do arrependimento, o novo casamento não suportou a chegada do natal vindouro. O ponto-alvo da questão: Doutor! Por que não lhe dei ouvidos? Não somos donos de verdade alguma, a única certeza é de que o amadurecimento é essencial para todas as questões, não apenas de relacionamentos amorosos, mas em todas as decisões. Devemos considerar a paciência, pois somente ela, combinada com o tempo, ofertará o melhor resultado.

Relacionamento social na formação

O nascimento é um acontecimento social, brinda-se a vida. Desde os primórdios, as hierarquias eram sucedidas com o nascimento do filho primogênito do Rei. A responsabilidade na sucessão de um patriarca ou um título nobre, após a morte ou não do sucedido, era motivo de crises e anarquias. Como exemplo, a questão sucessória no Império Romano, as mudanças dos *Césares* eram motivo de grandes conflitos políticos e sociais. E, ainda nos tempos de hoje, na Monarquia hereditária em alguns poucos países. Isso para ilustrar e demonstrar a necessidade do relacionamento social, aclamado desde todos os tempos. A influência social é necessária para a prosperidade profissional em todos os segmentos da sociedade.

O relacionamento social surge naturalmente desde o nascimento, a preocupação dos pais com o primeiro aniversário, os convidados são os filhos de seus amigos. Em breve, a sociabilidade toma o curso naturalmente. Ocorre a integração com os vizinhos, já nos primeiros dias de aula os pequenos se tornam amigos. No decorrer dos anos, por influência da escola, são tantos como uma avalanche. Os pais dos amigos do seu filho se tornam seus amigos e, num estalar de dedos, as vésperas da universidade. Tudo acontece de maneira despercebida, o relacionamento social está estabelecido, quase que de maneira involuntária. Isso ilustra e demonstra a necessidade do relacionamento na sociedade para o desenvolvimento e prosperidade profissional, seja ela liberal, autônoma ou com vínculo formal. A influência social é o alicerce fundamental, gera confiança, conhecimento, reconhecimento e amizade da sociedade. A conduta, o sucesso profissional no futuro estão interligados diretamente à segurança e confiança estabelecidas nas amizades ao longo dos anos, as do passado até as novas amizades do presente. A natureza pessoal, a personalidade individual estão ligadas diretamente à sociabilidade profissional. É seguramente uma alavanca poderosa para o sucesso no futuro. A ausência dessa característica social, a necessidade de se adequar de acordo com a sociabilidade que o trabalho exige. Ao nosso lado, sempre um amigo, basta não haver resistência. Esta sim! A resistência é o verdadeiro obstáculo para uma relação social saudável. Diga sempre sim às oportunidades sociais, e estará integrado e apto ao sucesso profissional. Somadas à sua capacidade, nada lhe faltará. Assim, com essa característica pessoal de liberdade, relacionamento social, somado à alegria da fase escolar e aos prazeres da noite não obscuros, transparentes aos olhos da sociedade, o sucesso profissional ocorrerá naturalmente e, por consequência, a realização de uma vida plena. E, para você, leitor, a compreensão de que não deve haver segredos para a realização e o desenvolvimento dessa característica social, a aceitação da sua personalidade deve ser natural, como se fosse um desafio pessoal, ir de encontro à sua verdade, um escudo em suas mãos. Esta condição de relacionamento não diz respeito apenas ao sucesso no aspecto financeiro, mas, sim, como um planejamento a ser feito, para que não haja o desperdício dessa sua virtude, que pode estar oculta.

Autoconfiança

Não há como falar em autoconfiança se não voltar na base da educação infantil, lá no passado. Havia liberdade, andava-se descalço pelas ruas, tudo contribuía para o fortalecimento e a segurança na formação da autoconfiança. Como se fosse um sonho entre dois mundos distintos, no passado a contribuição positiva, tudo conspirava naturalmente. A vocação dos pais, com base nos bons costumes na educação e na tradição na escolaridade, era determinante. Ao contrário, agora, com a educação dos novos tempos, que atribuo como um divisor de águas, na transição do século XX para o século XXI. A constatação da diferença desta nova geração é percebida facilmente na insegurança da criança de modo geral. Os motivos são diversos: o método pedagógico duvidoso, o crescimento das cidades, o distanciamento da natureza, o conhecimento cibernético, com isso, perde a liberdade de poder andar descalço livremente, jogar bola, andar de bicicleta na rua e tantas outras que contribuem para o seu desenvolvimento. Enfim, a evolução. Hoje, além da iniciativa dos próprios pais, sem tempo, a única alternativa é a escola, que promove a interação cultural e, com a educação física, a tentativa de despertar o interesse pelo esporte, que muito contribui, pois a repetição da arte de se fazer o que gosta traz confiança. Nessas condições, a conquista da autoconfiança desde o início na boa pré-escola, na infância, é fundamental. É uma vitória para o caminho do sucesso profissional no futuro. A concorrência é desleal, a vida na adolescência nesse novo tempo se resume a ficar em frente a uma televisão ou com o celular na mão. Nos estudos, raramente há necessidade de pesquisa no velho e bom livro, hoje praticamente obsoleto e empoeirado na prateleira da biblioteca. Sem ter para onde correr, resta a insistência dos pais, que foram educados em outros tempos, mostrar o caminho por livre-iniciativa, fazer o filho enxergar, entender e acostumar-se às brincadeiras e atividades do passado, pois sabem que contribuem para o crescimento da autoconfiança e trazem o equilíbrio. Outros pais desistem, jogam a toalha da educação no chão, outros afazeres e o trabalho não permitem o acompanhamento mais próximo e necessário. A concorrência massificada é desleal, a programação televisiva baseia-se na nova cartilha pedagógica, admitida no embalo da nova política de esquerda na transição do século XX no Brasil. Avesso aos bons costumes do passado, sem saber o que fazer, fica sem chão, impotente, sem voz. Com isso, sofre calado e a vida segue na insegurança do filho, o que certamente trará prejuízo no futuro da sua formação. Sabe que a autoconfiança é fundamental para a formação intelectual, pois, sem ela, terá sua inteligência emocional abalada, não terá segurança.

Pois bem! Com a autoconfiança alcançada na infância, com o apoio familiar e ajuda escolar, resta o vigor, a perseverança, de caráter personalíssimo, depende única e exclusivamente de você como adulto. A dedicação e o investimento natural do passado são extremamente necessários, são determinantes. Não há outra alternativa, isso requer esforço. Sem dedicação, não há meios de dominar o conhecimento para sentir-se seguro, e é através dessa segurança que se chega à autoconfiança. Na infância, a necessidade do incentivo motivacional dos pais e da metodologia da escola para esta conquista. Agora, como adulto, depende só de você. A autoconfiança é fundamental para a qualificação profissional individual que se escolher e vem a público no reconhecimento da sociedade e contribui para o sucesso. Deve ser plena, conhecer verdadeiramente o que se faz é a única saída. Há quem diga que, em situação de baixa autoconfiança, deve-se fazer o máximo para disfarçar a insegurança. Não concordo e não acho uma boa ideia. Afinal de contas, se está inseguro na prática de uma atividade, aos olhos do seu público, percebe-se facilmente, corre grande risco de uma frustração maior. Portanto, uma única saída para superar a insegurança é praticar, estudar, investir no que for necessário para que tenha confiança em si mesmo. Muitas são as possibilidades de insegurança por baixa autoconfiança. Exemplos temos em toda e qualquer situação no cotidiano, na escola, na universidade, no trabalho e socialmente. Há que ser persistente e não desanimar, afinal de contas, com o livro debaixo do braço não se aprende nada, é preciso ler para chegar ao conhecimento do conteúdo do que se pretende fazer com êxito. Veja, se não sabe ler e escrever, será impossível obter segurança ou pretensão para qualquer atividade que exija esse conhecimento, não há autoconfiança, é impossível. Se aprender, aí sim será possível! Como convencer e transmitir confiança para alguém, se não superar a sua própria baixa autoconfiança? Ela é necessária em todos os momentos das fases da vida, inclusive para formação dos próprios filhos. Somada à capacidade da sua atividade, o sucesso profissional irá sorrir para você e, por consequência, as portas estarão abertas para os benefícios do sonhado bônus. Não hesite. Conquiste-se e terá o mundo em suas mãos.

Timidez

Não devemos confundir timidez e vergonha com baixa autoconfiança. A timidez é um desconforto e inibição em situação de interação pessoal. A vergonha se dá apenas em determinada ocasião, de maneira isolada, e se resolve simplesmente "perdendo a vergonha", como o dito popular. A autoconfiança se resolve com dedicação, investimento e aprendizado para o que se pretende fazer.

A timidez não é, assim, outro caminho a ser explorado e de maior dificuldade a sua resolução, porém não impossível. Vejamos: a timidez, de longe, é diferenciada e distinta, há que se trabalhar de maneira profunda, e são inúmeras as situações que podem ter levado a esta condição, ser tímido.

São vários os fatores que trazem à luz fosca a causa da timidez. A princípio, não há como negar a falha na educação ainda na infância. Nascemos livres de qualquer conhecimento, somos fruto da concepção e todo aprendizado dependerá dos pais ou de quem está na responsabilidade de educar. Educar não é uma responsabilidade fácil, requer atenção em vários segmentos relativos ao comportamento, que, por um motivo ou outro, se dispersa e acaba por ensejar uma situação indesejável e inconsciente por parte do educador. Ou seja, a deficiência na educação acaba por provocar uma falha no sistema complexo da educação. Assim como na autoconfiança, a timidez exige cuidados para que não ocorra a deficiência no futuro, neste caso a timidez. Prova disso, a razão da existência da psicologia para tratamento dessa enfermidade. A causa inconsciente, que passou despercebida na infância até se chegar na fase adulta, pode se tornar crônica e de difícil reparação. Muito observamos essa incidência, por exemplo, a diferença consciente ou inconsciente na preferência de um filho em detrimento do outro induz à baixa autoestima e pode refletir em timidez, tornando-o uma pessoa introspectiva, acanhada, retraída, tímida, às vezes obsessiva e possessiva. Na fase adulta, por reflexo da infância, se vê de maneira negativa, fica distante das pessoas, o medo excessivo do erro leva ao distanciamento, à solidão. Dadas a complexidade e a gravidade de cada caso, a procura de ajuda psicológica de profissional devidamente capacitado poderá ser necessária. Por outro lado, a segurança é o suficiente para eliminar a timidez, é de sua inteira responsabilidade, é individual, é possível. Para isso, deve-se buscar uma situação de conforto que desenvolva naturalmente a segurança, a autoconfiança, buscar a convivência com pessoas otimistas, opinião negativa alheia não deve interferir, afaste-se.

Valorizar verdadeiramente o que faz, seja nos estudos, no trabalho, na vida social, um bom amigo que o ajudará e sentar-se em um bar também contribui. Uma premissa simples e quase que óbvia, não deve se comparar a ninguém, intensifique o valor do seu Eu. Você é único e adoravelmente faz parte dessa verdadeira oportunidade da vida. Desperdiçar não é justo. Busque alternativa, divirta-se, sempre somos importantes para alguém, basta olhar para os lados. É uma situação de mera escolha, ser feliz e viver a vida intensamente ou se retrair na fumaça da timidez, não vale a pena. Considere a sua vontade e que aos olhos de Deus tudo provê. Contudo, a timidez há que ser vencida nas fases da vida, a segurança é uma ferramenta de convencimento eficaz. É determinante para o bem-estar, descontração demonstra segurança e deixa longe o sintoma da timidez.

Vergonha

Uma palavra simples e usual no cotidiano, porém de grande relevância na formação do indivíduo desde a infância, na primeira fase, que busca o sucesso profissional e reconhecimento da sociedade. A vergonha é uma condição psicológica do ser humano, que ocorre em segmento distinto na sociedade, profissional, político, religioso, judicial, que se manifesta de diversas maneiras: na emoção ou até em situações fisiológicas.

Há o reconhecimento da desonra a uma determinada atitude pessoal ou a terceiros que afeta a emoção. A vergonha atribuída a terceiros, a tentativa de ataque à dignidade da pessoa a quem se pretende ferir moralmente. Assume o risco do crime de calúnia e difamação, com ou sem fundamento, há que responder por isso judicialmente. Em outro sentido, a vergonha de si mesmo, na tentativa de superação em qualquer situação emocional, nos estudos, no trabalho, se vê derrotado, fragilizado, atribui-se a culpa e sente-se envergonhado. Nessas condições, devemos ter coerência em não atribuir vergonha pela frustração e falta do êxito pretendido. Afinal, é com a tentativa que chegamos ao acerto e desenvolvemos o conhecimento. Aqui, uma questão de erro, não há razão para a vergonha. No aspecto emocional, há que se observar o fundamento da injúria atribuída, que leva à vergonha, com fundamento ou não, assumir a responsabilidade das atribuições e seguir em frente, a certeza de cada dia de luz. Saímos de casa com alta probabilidade de errar e de cometer equívoco. A maldição da inveja muito contribui com fatores que podem nos levar à vergonha. Deve ser superada, ir avante, somos falíveis, não somos perfeitos. Tudo faz parte de um grande contexto e deve ser aparado pela superação.

Em determinada situação, há que se distinguir a vergonha, aquela ligada diretamente ao caráter e à personalidade individual que se propôs, mediante comprometimento e juramento de posse. Aí não há perdão, não prevalece a razão. A bem da verdade, ela passa a ser indiferente para quem age nesses termos, dá de ombros ao comprometimento, à revelia da posição autárquica e do povo que o elegeu. Sim! Estou escrevendo sobre a falta de vergonha dos senhores políticos, devidamente assegurados sob o manto da Constituição Federal, que atribui o direito de expressão e liberdade baseado em fatos de notória evidência, inclusive processual. Salvo exceções, alguns nasceram em um berço digno e não em uma pocilga, estes desprotegidos de dignidade materna e de caráter na lama. Aqui, atitude passível de muita vergonha, não leva a culpa sobre a égide do equívoco, consciente, não se atribui a autovergonha. Há o reconhecimento do verdadeiro cara de pau, "sem vergonha", no dito popular. Resta a expectativa da pena, a vergonha não atinge homens desprovidos de caráter e honradez. A difícil expectativa de pena é duvidosa. Em uma caixa de maçã, colocam-se sempre os melhores frutos. No entanto, por descuido, uma podre compromete toda a caixa e o resultado final do doce sabor da verdade é contaminado.

Enfim, a autoconfiança nas nuvens disse adeus à timidez, com a segurança a toda prova para os segmentos da formação, que venha a segunda fase, o trabalho. Não há que ter vergonha de possíveis erros ou equívocos, ser perseverante fará a diferença. Com o equilíbrio necessário, assunto fortalecido na parte seguinte, Trabalho – com determinação e coragem, não há o que temer. Avante, a vitória é para pessoas determinadas e com paciência. Não há dúvida, é questão de tempo, basta colocar as diversidades destes três últimos títulos no bolso, autoconfiança, timidez e vergonha, que a vitória será certa.

Perdido será o dia em que não se brindar a vida uma única vez... Perdido será o dia em que não se dobrar ao sorriso de uma criança... Perdido será o dia em que o desânimo sobreponha a esperança. Acredite na força da vontade da sua realização, só assim prosperará com segurança.

Interferência financeira na formação dos filhos

São diversas situações de atitudes, seguidas de erros e acertos dos pais, com relação às dificuldades na formação dos filhos no aspecto financeiro, que contribuem de maneira negativa ou positiva, do insucesso ao sucesso e tornar-se um vencedor.

O sucesso pela bravura incontida na determinação pessoal e apoio familiar aos filhos: pais sem condições mínimas, os filhos chegarem à vitória. Apesar das dificuldades, com determinação, chegarem ao sucesso. Pais com plenas condições financeiras, abastados, os filhos chegarem em lugar nenhum. Muito provavelmente não haverá consciência na continuidade da atividade dos pais se não houver a permanência, o incentivo e o engajamento desde muito cedo. As oportunidades são inflexíveis ao interesse da formação, a dedicação extrema dos pais, com o objetivo de educar, custe o que custar, à base do velho bordão, "o que eu não tive, meu filho terá", esse pensamento traz riscos. Por isso, devemos ter precauções com estas situações. Passamos a expor de maneira simples e sucinta diversas situações que podem contribuir em acertos, entre as diferenças financeiras com relação à educação. Situações que criam barreiras e dificuldades para um ordenamento satisfatório, consistente ou inconsistente para as realizações de prosperidade, junto às pretensões profissionais e de bônus no futuro.

Com ou sem condições financeiras, a educação é como um cesto cheio de bons e maus conhecimentos. A vida nos proporciona situações de turbulência, traz desequilíbrio. O risco de derramar existe. Em sua defesa, o que tem no seu interior é indiferente às condições financeiras de cada um, o que prevalece é o que vai expor claramente a sua personalidade, alegria, altivez e humildade ou raiva, fragilidade e orgulho. Na esfera financeira, não escolhemos o berço que nascemos, por isso, independente das condições, saiba escolher o caminho que demonstre a sua verdadeira referência moral, ela certamente contribuirá e guiará, passo a passo, para sua melhor referência financeira.

Por que a facilidade ou dificuldade financeira dos pais pode determinar o sucesso ou o fracasso no futuro de um filho?

Aspecto financeiro por herança

Essa condição financeira é resultante de patrimônio herdado. É peculiar e normalmente ocorre, não necessariamente, em famílias abastadas, de empresas de grande e pequeno porte. As dificuldades não divergem dos demais aspectos financeiros. No entanto, na sucessão, não havendo planejamento anterior por parte do fundador, atribuem-se tão somente o zelo e a manutenção da herança pelos herdeiros. O recebimento de patrimônio herdado com o despreparo para a atividade do que se recebe pode levar ao desperdício por inabilidade e pela facilidade do recebimento. Se houver preparo antecipado e a conscientização anterior ao recebimento, pode-se evitar o descaso, o retrocesso e até a falência financeira da atividade familiar, pela falta de experiência para a administração. Isso ocorre, muitas vezes, devido à falta de interesse dos pais no envolvimento do filho na atividade, em outros tempos.

Esse envolvimento deve ocorrer de maneira simultânea, desde criança, levando seu filho na empresa e fazendo-o se sentir como se estivesse em casa. Com o tempo, pode despertar o talento pretendido pelo pai e, no futuro, estará na direção naturalmente. Isso deve acontecer, a sucessão é inevitável. Caso ocorra o amadurecimento da transição, o risco de dilapidação do patrimônio herdado é menor e diminui a possibilidade de ingerência. A experiência, a graça, somente ocorrem através da oportunidade que lhes é oferecida, no momento, ainda quando se pensa ser cedo demais. Agindo a realização do sonho dos pais, a administração patrimonial ou empresarial pelos seus filhos.

A concentração administrativa e empresarial do negócio não traz bons frutos para o futuro. Com o tempo, a necessidade de sucessão ocorrerá, o desgaste físico e mental é inegável. Deve haver uma sincronia na administração desde o início, a pretensão de trabalho conjunto, entre pais e filhos. Inclusive, se houver a coincidência da vocação, direcionar os estudos para a atividade empresarial da família. Esse é o segredo da manutenção da coisa, a fusão de interesses do filho, na qualificação direcionada ao negócio empresarial familiar. Amanhã, dentro da inevitável normalidade sucessória do patriarca ou fundador, certamente serão seus descendentes. Com isso, há que se considerar a visão empresarial do filho, ela não ocorre por acaso. Um negócio bem-sucedido há de se curvar ao sucesso merecido do fundador, que o obteve às custas da essência, extraída do seu verdadeiro dom.

O que vimos demasiadamente acontecer é a busca do filho por uma profissão diferente da atividade familiar. Às vezes, isso ocorre por culpa do próprio patriarca, ao perceber o desinteresse pelo negócio de família, ou por vontade do filho, que entende que não há visão empresarial ou o dom desejado pelo pai. Com isso, a venda do negócio, a terceirização da administração ou até mesmo a formação de uma *holding* e muitas outras alternativas, em pequenos ou em grandes negócios. A ausência, às vezes, ocorre devido à busca profissional do filho, pelo dom e sua essência. Aí, uma divisão definitiva, o negócio de família com relação à busca diferenciada da realização pessoal do filho. Não se pode contrariar, há que se respeitar o dom. Há casos em que o filho obtém êxito na escolha diferenciada. No entanto, há situações de perda de tempo, por equívoco ou arrependimento. A frustração leva ao retorno tardiamente para atividade familiar. Um exemplo costumeiro, nas regiões de agropecuária sul-mato-grossense, o retorno do filho, após a frustração profissional na área que outrora desejou, para a atividade tradicional familiar. Neste caso, sem a experiência rural, numa tentativa de acomodação na atividade rural familiar.

Essa situação certamente reflete no segmento e propósito deste livro, prevenir a frustração profissional. No caso específico: patrimônio por herança – a deficiência do negócio familiar por falta de planejamento, com relação ao patrimônio advindo por herança, nas mãos do filho acomodado e inexperiente. Ou, ainda, por descaso na administração de genro ou nora despreparados, pode trazer insatisfações e desequilíbrio no futuro. A consequência desta atribulada situação, se não for financeira por parte dos herdeiros, pelo menos a frustração profissional e pessoal do que se pretendia anteriormente acontece. Sem falar no descaso e desperdício patrimonial herdado.

Ao contrário de todo o exposto, que se atribuiu o zelo patrimonial herdado, e, apesar das precauções no passado, com relação à administração sucessória empresarial pelos herdeiros, mesmo com o planejamento, não restaram bons frutos. Ou seja, na atividade familiar há desinteresses dos filhos. Com isso, sem preocupações, a vida dos herdeiros se torna uma festa, o que foi construído a duras penas, por décadas, uma alternativa comum, *viva la vida.* Se não resultante de um sonho em uma ilha paradisíaca, a imaginação, literalmente, na ilha dos sonhos da fantasia. Isso ocorre, às vezes, não por inabilidade na administração empresarial, mas pela habilidade de usufruir de maneira pretensiosa o patrimônio herdado, à sua maneira. Naturalmente, com um brinde *in memoriam*. Assunto que faz lembrar a estória, um exemplo memorável de atitude, consciência e autoconhecimento ou, ironicamente, irresponsabilidade mesmo, não sei! Há que se considerar este exemplo, a facilidade financeira, um ídolo na arte de viver, a decisão, até mesmo com idade a avançada, sempre brindar a vida e viver terrivelmente feliz, ***Jorge Eduardo Guinle***, conhecido como ***Jorginho Guinle***, um playboy carioca, de família tradicional e milionária do Rio de Janeiro, um outro tempo.

No entanto, o pensamento e comportamento em busca da felicidade é atual. Amante da boa música, em especial o *jazz,* e, evidentemente, das belas mulheres. Do início do século XX, colocou o Brasil nas vitrines da Europa e de *Hollywood*, a ponto de sua família reestruturar a cidade do Rio de Janeiro para que isso acontecesse. A fortuna, às custas de grandes negócios da família, permitiu essas façanhas. A história, para os dias de hoje surreal, o que chama a atenção são duas situações que valem ser mencionadas, no sentido do excesso financeiro que justifica a bela frase:

> ***"A vida é uma viagem, o importante é viajar de primeira classe".*** *Filme Jorginho Guinle – Só se vive uma vez, de Otavio Geminiane Escobar, 2019.*

Contudo, empolgante a decisão de não planejar o futuro e viver intensamente a vida, no entanto, o risco da possível consequência da instabilidade financeira no futuro, até sua partida. Viveu à sua maneira, como bem quis, por longos 88 anos, os exageros pertinentes às suas vontades, feliz.

Há muitos exemplos de situações desta natureza, por todos os tempos, tanto no passado como atualmente, se equivalem a esta pretensão de se viver a vida em toda a sua plenitude, com o patrimônio herdado. Uma contemplação justa, de certa forma graças à herança. Afinal, o que se recebe ou se acha não é roubado, portanto, é lícito.

Essa situação faz antecipar o primeiro parágrafo do título "A dificuldade no desapego material – a segunda fase", trabalho que trata desse assunto, no sentido do trabalho excessivo, na busca exagerada do "Ter", esquecendo-se os pais de que a vida é breve e deixam de priorizar a qualidade merecida. A dedicação incondicional em benefício dos filhos. E, de certa forma, não generalizada, o risco por se dizer do devaneio com o patrimônio herdado, às custas de décadas do seu trabalho. Vejamos:

"No exercício da advocacia, observei na prática, ao longo dos anos de trabalho, as dificuldades dos clientes, no equívoco em resistir ao desapego material, quando não mais necessário. O trabalho incessante, a ânsia do ter mais e mais, mesmo com a idade avançada, principalmente os mais abastados, a obsessão financeira além do necessário e o suficiente, desrespeitando seus limites e da própria natureza humana. As realizações pessoais perdidas no tempo, o fruto financeiro de anos de trabalho realizado, agora, sem ter para onde correr, concentrados no zelo e na administração de seus negócios, ver frustrado o caminho que percorrera e a vida se resumir em apenas trabalho. A expectativa e esperança na contribuição dos filhos na administração dos negócios às vezes é frustrada. Caso isso ocorra, por descuido, falta de direcionamento, ou ao contrário, a falta de interesse no trabalho empresarial do pai. O filho, em busca da sua realização pessoal e seus ideais, demonstra desinteresse em dar seguimento na tradição. Sem saída, sem saber para onde ir, o pai agoniza".

Apesar de todas as dificuldades na atividade empresarial e comercial, mesmo por sucessão, é válido o engajamento do filho na continuidade da atividade. A prosperidade do investimento gera desenvolvimento, empregos, e contribui para uma sociedade justa e a manutenção da ordem social.

A menção crítica anterior, o devaneio às custas do patrimônio herdado, é um alerta, com os devidos cuidados, aos pais para com os filhos. Considerando a satisfação pessoal do empreendedor, que expõe sua paixão através do seu dom, certamente a razão do sucesso do negócio. Nada prospera se não houver o interesse profundo por aquilo que se faz com zelo. Por isso, o planejamento da sucessão e os devidos cuidados consigo mesmo são essenciais. Dar-se o privilégio da satisfação e contemplação do andamento da sua atividade empresarial, do lado de fora, observar a colheita dos frutos pelas mãos de seus filhos, pelo lado de dentro. Viver o bônus merecido após o trabalho em seu empreendimento por décadas ou correr o risco de se deixar levar pela ganância e não concluir seus projetos por falta de tempo. Afinal, mais cedo ou mais tarde, as luzes se apagam.

Pai rico, reflexo positivo para o filho

Por que a facilidade financeira do pai rico pode contribuir ou não de maneira positiva no sucesso de um filho? Desde o nascimento do filho, não há preocupação excessiva, mas sim zelo, no sentido de não deixá-lo se influenciar negativamente com as benesses da feliz situação vinda do berço, ao nascer em uma família rica. Traz alegria, benefícios, no entanto, pode trazer problemas marcantes na educação e no sucesso profissional. Vejamos:

O aspecto financeiro no sentido positivo dos pais pode contribuir de maneira satisfatória na educação e formação, de maneira relativa. Muitas vezes, o mais no presente, poderá ser o menos no futuro. Ou seja, a condição favorável acaba por influenciar negativamente na formação, devido aos excessos nos benefícios, facilitando exageradamente o apoio além do necessário. Fazendo com que haja, como reflexo negativo, o desinteresse do filho nas buscas e conquistas pelo seu próprio esforço. Por exemplo, a flexibilidade, o descaso, pode ocorrer nos estudos, certamente trará acomodação e consequências profissionais no futuro. Assim, o que parece ser um caminho favorável ao sucesso profissional e intelectual do filho pode trazer frustração. Deve ser coordenado com muita atenção o risco do desinteresse. Mesmo assim, deve-se respeitar e aceitar, sem interferência, a livre escolha do filho, preservando o dom. O que ocorre às vezes, com o aspecto positivo financeiro do pai, a estabilidade da família, às custas de um segmento alicerçado por tradição, empresarial, comercial, pecuária, agrícola e outros, ao contrário dos desejos e interesse do filho no prosseguimento. No entanto, orientado com objetividade, equilíbrio e transparência, fará com que as condições financeiras favoráveis contribuam demasiadamente para o sucesso profissional. Quiçá a continuidade da atividade familiar, restarão bons frutos, alegria ao que se faz e refletindo positivamente em todos os momentos e fases da vida. Nos termos deste título, salvo exceções, muitos são os exemplos favoráveis, em especial na atividade do filho, no seguimento dos pais. Não há regra exata, não é uma soma matemática. Restam os cuidados essenciais na educação, para que ocorra o equilíbrio e não haja surpresa.

Pai rico, reflexo negativo para o filho

As boas condições financeiras podem contribuir de maneira negativa na formação do filho? Digo que sim. Aqui o reflexo é real na contribuição negativa dos pais. As condições favoráveis economicamente na estrutura familiar, desde a infância e na adolescência, aparentemente um caminho favorável na formação profissional e intelectual do filho. No entanto, é possível o desperdício por descuido e várias são as hipóteses que levam a esse caminho desfavorável. A condição favorável, mal administrada pelos pais, intervirá na formação do filho, que, sem essência, não percebe o que ocorre, ainda é infantil ou juvenil. Os motivos podem ser diversos, o relaxamento, descaso por sustentar a ideia do favorecimento financeiro na educação, sem o devido acompanhamento e zelo, acaba por ocasionar para o futuro a falta de autoconfiança do filho.

Mesmo com as condições favoráveis dos pais, devido às atribulações do cotidiano em busca do fortalecimento financeiro, a ganância, o trabalho excessivo, a instabilidade emocional, separações, estresse, deixam de dar a devida atenção na formação, facilitando e deixando perder-se pelo caminho, as correções devidas e necessárias para o bom desempenho do filho. Gerando consequências irreparáveis no presente, com reflexo negativo no futuro.

O descaso inconsciente dos pais, a falta de equilíbrio e coerência, combinados com a facilidade de recursos para os estudos, acabam em privilégios exagerados. Com a premissa do *ter*, no sentido de aquisição, acaba por influenciar negativamente a personalidade e o futuro profissional do filho. Admite que o filho há de *ser* livre e com personalidade segura para as suas realizações, no entanto, por conta de tudo, despercebido, o tempo passa, a morbidade do desinteresse está instaurada, o pai sofre, com culpa relativa. Fica evidente a falência da pretensão de ver o filho aguerrido ao seu lado, com bravura.

Nesse sentido, um exemplo de assessoria ao cliente ***M. M.***, empresário abastado, as vésperas dos 70 anos. A impossibilidade administrativa de suas empresas o levou ao estresse, afogando-se no excesso de trabalho e no patrimônio que conquistara no decorrer da vida. Não houve conscientização da necessidade, da contribuição dos filhos, não houve preocupação com a sucessão empresarial. Em busca de ajuda preventiva, para estabilizar a estrutura familiar dentro das empresas, lucrou êxito em tempo, com o ingresso dos filhos nas empresas. No entanto, pessoalmente, a ganância prevaleceu, de maneira figurada, disse-me: Tenho que ganhar pelo menos um real por dia, não me vejo fazendo outra coisa, além de trabalhar. Após a recusa de orientações para levar uma vida tranquila e buscar um ponto de equilíbrio junto às empresas, mesmo com a participação dos filhos na administração empresarial, recusou um plano de interesse secundário, um plano "B". Pouco tempo depois, ciente de ter conseguido cifras milionárias, além do suficiente para uma vida tranquila, hesitou! Foi acometido por um aneurisma e hoje está convalescido, dependente de uma cadeira de rodas, recuperando-se. Por consequência, coube aos filhos, apesar da insegurança, a administração dos negócios. Mais tarde, convocou seus amigos para uma reunião, prostrado em uma cadeira de rodas, para serem orientados pelo nosso trabalho.

Nesse sentido, notadamente, quase sempre amigos, que excederam no zelo, na proteção, em virtude de condições financeiras satisfatórias, levaram à insegurança e, consequentemente, não foram preparados para as frustrações que a vida oferece, paulatinamente. Neste título em especial, dezenas de exemplos, filhos de pai rico, devido às atribulações e equívocos nos cuidados essenciais, sucumbiram ao fracasso na vida profissional. A dificuldade está nos privilégios de uma vida diferenciada na infância. Como adulto, restam a tristeza e a incompreensão do que aconteceu no passado. As atribuições, na essência, sobrecarregam o peso da frustração. O famoso provérbio: "Não adianta chorar pelo leite derramado", não há solução. Assim, salvo as exceções, os cuidados dos pais, nas concessões dadas aos filhos, ao educá-los no direcionamento do velho bordão: "o que eu não tive, meu filho terá", é uma afirmativa que traz dúvidas sobre o verdadeiro teor desse enunciado.

Deficiência financeira dos pais na educação

A falta de condições financeiras dos pais, em não suportar os custos de qualificação e educação dos filhos, infelizmente representa grande parte da população mundial. A dificuldade reflete em todos os sentidos, desde as condições e de onde nascemos, assunto do título "Onde nascemos", no qual questiono a influência na formação. A dificuldade na estrutura contribui de maneira negativa e direta na formação, somada à distância que normalmente atinge a classe menos favorecida, como a periferia, onde se encontra a maioria da população desfavorecida e pobre.

Com isso, a ausência da contribuição favorável na educação escolar, restando ao filho, desde a primeira fase da vida, a deficiência em todos os sentidos, acarretando desconforto cultural e frustração no futuro da qualificação profissional.

Contudo, alguns poucos pais, mesmo com insuficiência financeira, com trabalho, determinação e aconselhamento preciso na infância, contribuem heroicamente para a formação e o sucesso de seus filhos. Outros, infelizmente, incapacitados, sofridos e impotentes pela própria sorte, veem seus filhos à mingua, desprotegidos. A estória se repete por gerações, as dificuldades inerentes às condições da família na pobreza. Com isso, podemos dizer que:

O sol nasce para todos; infelizmente, poucos conseguem a sombra fresca das finanças.

Reagir com bravura, superar e chegar ao êxito da qualificação profissional do filho, através da universidade ou não, é uma tarefa árdua, mas não impossível. Digo que *somos do tamanho da preocupação que tivemos no passado.* Com isso, com planejamento é possível alcançar a realização dos sonhos da prosperidade dos filhos, acertando desde o começo na educação dentro de casa, não na escola ou nas ruas. A boa educação nasce no seio da família, independentemente das condições financeiras. Na escola se buscam a formação intelectual e a capacitação profissional.

A exemplo de milhares de bravos vencedores mundo afora, filhos de pais sem condições mínimas que obtiveram êxito. Ao longo dos anos, a estória de superação de um jovem descendente de imigrantes italianos, nos anos que antecederam a primeira grande guerra mundial, em busca de melhores condições de vida e temor do que viria a acontecer de fato. No Brasil, nos anos 1970, ***C.D.***, 11 anos, e ***J.D.***, 9 anos. A família de atividade rural, no momento de dificuldades incessantes, sem alternativa para os estudos, com evidente vocação eclesiástica, internou os filhos em um Colégio Salesiano. ***J.D.*** desistiu, hoje tem uma vida tranquila e com recursos necessários, ainda no interior. Enquanto que a persistência e determinação de ***C.D.***, que por dez anos estudou a duras penas, longe da família, às vésperas de ser ordenado padre, com perspectiva de novos horizontes, desistiu. Tornou-se um grande e bem-sucedido empresário na cidade de São Paulo, autodidata, fala várias línguas, inclusive o latim.

O dinheiro não suporta desaforo

Este título é demonstrado pelos maus hábitos de ***J.E.*** no decorrer da sua vida. As facilidades do início da vida profissional, devido à soma de diversos fatores, entre eles o entusiasmo, contribuem nas realizações de maneira favorável, no fortalecimento financeiro. Gozava de boa saúde, status, lazer, viagens, troca de veículo, como se trocasse uma peça de roupa. Fez do início da carreira profissional uma festa. Com o resultado acima da média, acabam por prevalecer o exagero e a falta de planejamento. O descaso inconsciente a toda prova. Pois bem! O tempo passa, a idade chega, e normalmente não chega só, a falta de saúde chega junto, às vezes parceira incondicional, como se fosse um carma, não sai do seu lado. Situações que muito observei e não foram poucas! As orientações não aceitas para a conscientização e compreensão da necessidade de planejamento, quando ainda era possível e havia tempo. Com a saúde precária, literalmente, a financeira na lama, agoniza. A lembrança do equívoco é a maior inimiga, indesejável é claro, mas para este mal não há remédio. Na saúde, a lembrança é acompanhada de maneira acirrada no tratamento dos seus males.

Na parte financeira, a vida ainda por seguir, a falta de cuidados inerentes à época não observada, comprometeu e deixou a desejar as realizações do que estaria por vir, no pretenso futuro, curtir a vida, aproveitar ao lado da família, filhos e netos. Agora se afoga no arrependimento dos excessos cometidos no passado, às custas dos seus próprios erros. Não deu importância aos fundamentos básicos de estabilidade no presente, para usufruir no futuro. Assim por dizer, que o dinheiro não aguenta desaforo, de maneira que o reflexo do excesso pôs tudo a perder, não há estabilidade financeira. A facilidade financeira no passado contribuiu de maneira negativa para a estabilidade no futuro; devido ao exagero, acaba por interromper a possibilidade de sucesso e frustrar a fase do bônus. Ocorre normalmente com pessoas extremamente resistentes, que não sabem ouvir. Não devemos esquecer que temos duas orelhas para ouvir e uma boca para falar, portanto, fale menos e ouça mais. A dificuldade das pessoas resistentes está em não saber distinguir o momento certo de ouvir ou falar. Isso ocorre por duas situações distintas:

A primeira é saber que é possível debater um assunto qualquer, sem relevância, que não traz aprendizado interior e satisfatório. Não vai fazer diferença no direcionamento da sua vida, é questão de simples opinião. Neste caso, desgaste-se à vontade, fale muito. A segunda situação é de grande relevância e traz aprendizado satisfatório, é necessária a compreensão em saber ouvir. Por exemplo, uma opinião, uma orientação e aconselhamento em investimentos, não há que resistir, simplesmente ouça, não somos donos da verdade e não sabemos de tudo. Compreender que, se ouvir simplesmente, está correndo o risco de um novo aprendizado, às vezes gratuito. É ouvindo que se aprende, a exemplo das aulas escolares, e não falando. Infelizmente, é característica de pessoa extremamente resistente, a ponto de resistir a esta simples compreensão de saber ouvir. Consequentemente, traz grande desperdício, resulta em insucesso financeiro, perda de tempo, energia, dinheiro e outros males, gerando a falta de suporte às necessidades essenciais. Cabe aqui a citação de um provérbio de autor desconhecido, que diz: "Os seus amigos não precisam, os inimigos não acreditam e os estúpidos não entendem". Acreditar que sempre há esperança na compreensão de tudo que possa trazer esclarecimento ao homem. Devemos considerar que cada um de nós veio de lugares e culturas diferentes e não existem duas oportunidades, apenas uma, a vida.

Personalidade financeira

Você sabe qual é a sua personalidade financeira? Não! O mercado identifica quatro situações de caráter individual: moderada, conservadora, arrojada e agressiva. É necessário desenvolver esse autoconhecimento, que contribuirá de maneira satisfatória para o equilíbrio no desenrolar da profissão escolhida, no âmbito da segurança à prosperidade.

A preocupação na escolha da atividade profissional ficou para trás, conforme as teorias e fatos relatados anteriormente. Eis que surge uma nova e decisiva questão a ser desvendada, o guia de segurança para o sucesso, a chave para a prosperidade, a sua verdadeira personalidade financeira. Ganhar dinheiro é necessário, não há outra forma de suportar as necessidades de sobrevivência com qualidade de vida. Para isso, saber orquestrar um planejamento, às custas da profissão escolhida, é fundamental. A falta dessa habilidade lhe trará decepções e frustrações gigantescas. A satisfação da profissão desejada é realizada, no entanto, resta-lhe a consciência de saber colher frutos através do ofício que se profissionalizou. Muitas são as situações de excelentes profissionais que chegam com mérito e elevado grau de conhecimento profissional. No entanto, não conseguem, por falta de habilidade e planejamento, fortalecer e reverter seus rendimentos em seu próprio benefício. É necessário relacionar o custo-benefício com a prestação de serviço que se dispõe a terceiros, a valorização do trabalho a preço justo. Afinal, além das despesas pessoais e familiares, há que se conquistar essa habilidade para não correr riscos de se perder no tempo, cometido por alienação financeira, por inabilidade. Por exemplo, o sonho da aquisição do seu primeiro imóvel, sua casa, a empresa familiar, uma pós-graduação. Tudo está relacionado ao equilíbrio em saber administrar seus vencimentos, de maneira coordenada para satisfação das necessidades, para isso, cuidados são indispensáveis.

A fragilidade nesse sentido pode tranquilamente desencadear um caminho sinuoso por toda a vida, se não for verificada a tempo e dada a devida atenção no momento certo. Essa personalidade pode ser observada e desenvolvida desde criança pelos pais, com atitudes despretensiosas com relação aos cuidados e interesse em pequenas atitudes e exemplos. Valorizar o que se tem, os cuidados com um simples brinquedo. Talvez um exagero, uma criança é apenas uma criança, levada às atitudes inerentes à idade, brincar e divertir-se. No entanto, é responsabilidade dos pais despertar, desde o início, o interesse no valor e zelo do que se tem, no caso o brinquedo. É ilusão manter a ideia fixa de que a vida é um mar de rosas. Fazer de maneira suave um simples conceito básico, de que tudo tem seu valor, às custas do suor de quem quer que seja, dará atenção a esse conceito, necessário no desenvolvimento de qualquer profissão no futuro.

Dada a introdução com este raciocínio, independentemente da iniciativa dos pais no passado, ainda há tempo de criar novos hábitos. Procure identificar a sua personalidade financeira. Agora é com você.

No mercado financeiro, atribuem-se quatro características distintas de investidores de personalidade financeira: Conservador, Moderado, Arrojado e Agressivo. Há que se considerar a necessidade do conhecimento básico de maneira distinta, entre elas:

A personalidade de *natureza conservadora* atribui-se ao investidor com características de extrema segurança nos investimentos, basicamente não há riscos em hipótese alguma: a popular caderneta de poupança e renda fixa.

A personalidade de *natureza moderada* atribui-se ao investidor com característica de segurança relativa, diversificados os seus investimentos. Como exemplo, renda fixa e, muito suavemente, um pequeno risco em investimento de renda variável.

A personalidade de *natureza arrojada* atribui-se ao investidor que assume investimento de risco, no entanto, pensa em certa segurança, resguardar, nas devidas proporções, a diversidade de investimento com pouco ou grande risco. Com conhecimento ou assessoria, por exemplo, em bolsa de valores.

A personalidade de *natureza agressiva* atribui-se ao investidor de elevadíssimo risco, que não se preocupa com moderação, arrisca. Ganha-se tudo ou perde-se tudo. A exemplo do mercado de ações, derivativos e opções, neste caso não se deve dispensar uma boa assessoria.

Essas condições financeiras são básicas de investimentos bancários, fogem, de longe, ao número de possibilidades de investimentos disponíveis no mercado, tais como comercial, agropecuário, imobiliário, entre outros.

Com isso, o objetivo é contribuir para despertar os cuidados necessários desde o começo das atividades no trabalho. Evitar equívocos e frustrações nas realizações de sonhos, contribuir com os acertos que proporcionarão qualidade de vida. Uma pitada pessoal, levar em consideração a própria natureza individual aos riscos que é capaz de suportar. A moderação é amiga para todos os momentos, e prevenir o passo das necessidades nas suas realizações faz bem, ou seja, com um olho no presente e, apesar das incertezas do amanhã, outro no futuro. A falta de conhecimento contribui com insucesso financeiro e a humildade em admitir ajuda a evitá-lo. Somado à resistência na aceitação de ajuda competente, leva ao caos. Lembre-se, dinheiro não aguenta desaforo, a resistência traz prejuízo, perda de tempo, de energia e desperdício de dinheiro. Ao longo dos anos, pode comprometer uma vida de trabalho de qualidade, por falta de habilidade na manipulação da ciranda financeira. Lembre-se! O sucesso pretendido pelas sugestões e fatos vividos pelo autor depende da observância correta dos títulos deste livro, *As 3 fases da vida com sucesso*. Se se perder no caminho por inobservância de sua personalidade financeira, certamente o sucesso não irá sorrir para você. Cuide-se!

Socorro! Eu quero descer

Não bastasse a necessidade de conhecimento do mercado de investimento e descobrir a sua personalidade financeira, um assunto complexo que requer aprendizado e tempo, temos que admitir que entramos e saímos da universidade sem grande conhecimento para o enfrentamento do exercício da profissão na prática comercial. Alguns cursos universitários oferecem estágio que traz conhecimento nesse sentido: administração, direito e economia, contribuindo para o início desse novo mundo desconhecido e só na teoria, muito longe da prática. Dito isso, acaba por deflagrar armadilhas obscuras na relação comercial e nas responsabilidades que envolvem a vida profissional.

A necessidade é justa ao iniciar uma atividade de lucrativa. Exige-se o conhecimento profissional e a prática comercial que envolve. Há necessidade de integração e relacionamento social. Conhecer assuntos diversos e ter contato no exercício da atividade, a habilidade deve ocorrer naturalmente com o tempo. Os contatos comerciais a que refiro são para a prática de qualquer profissão: autônomo, liberal ou com vínculo empregatício. Sempre haverá a necessidade de tratativas burocráticas. Por exemplo, podem ser necessárias, no exercício de atividade liberal, a locação de um imóvel, o que implica um contrato de locação para exercer a atividade com endereço fixo, abertura e reconhecimento de firma de assinatura e saber das consequências devido à garantia exigida.

As novidades das relações comerciais são muitas: descoberta de títulos executivos, emissão de cheques, nota promissória, duplicatas, abertura de conta-

-corrente bancária, protestos, razão social, carteira de trabalho, admissão, demissão, financiamento, parcelamento, orçamento e muito mais. Enfim, na ocasião do início da prática da profissão, o conhecimento e as novidades da responsabilidade civil e criminal e seus efeitos. Seja bem-vindo ao mundo das leis e do Direito. Toda atividade tem uma relação de troca, vende-se ou compra-se alguma coisa, o que naturalmente gera direitos e obrigações; por isso, os cuidados são indispensáveis para que não ocorra frustração e desequilíbrio no início da atividade. A prevenção é justa, saber lidar adequadamente com prudência evita problemas e consequente desmotivação.

Lembre-se! Para se evitar problemas por falta de conhecimento dessas necessidades burocráticas, é necessário, por exemplo, o acompanhamento de profissional capacitado, um advogado ou contador.

Outra questão que traz insatisfação por inexperiência é a falta de reconhecimento e valorização na contraprestação dos serviços prestados, gerando desconforto na retribuição injusta por parte do contratante. Gera-se conflito por insatisfação do contratado: Você! Há o risco de demanda judicial, isso não é bom. Por essa razão, mantenha a calma, saiba ouvir e, na dúvida, busque um denominador comum. Evite andar por um caminho sinuoso, na trilha desconhecida não há sinalização, o que pode levá-lo a uma situação de desespero; há o risco de areia movediça, que pode levá-lo à exaustão, o prenúncio do insucesso profissional.

Como explorar um banco

Uma missão quase impossível: explorar um banco. Missão comum no mundo imaginário da ficção na revista em quadrinhos mundialmente conhecida, Tio Patinhas. De autoria de *Charles Dickens e Carl Barks*, as clássicas aventuras do pato mais rico do mundo e seus sobrinhos. Ao receber injustamente a primeira moedinha pelo seu trabalho, indignado, saiu pelo mundo afora em busca de riquezas.

Os bancos surgiram na Europa, após a movimentação e o surgimento da moeda, criando a necessidade de instituições que guardassem e emprestassem dinheiro. Observou o guardador que o dinheiro guardado pelos clientes nunca era retirado ao mesmo tempo, com isso, a ideia dos empréstimos mediante pagamento de juros. O Banco, nome dado pelos romanos, surgiu em substituição às mesas onde eram feitas as trocas de moedas pelos judeus na cidade de Florença, no Renascimento. Em 1406, foi criado o primeiro *Banco di San Giorgio,* em Gênova, na Itália. É gerido por um fundador, o banqueiro, sempre com vínculo com o banco central, através de pessoas capacitadas para o desenvolvimento da atividade, por meio de tesoureiros, gerentes, subgerentes, gestores de conta e setores distintos para a prática comercial e institucional da atividade, os bancários.

Desde então, a importância do sistema financeiro moderno, que controla desde um simples cliente que tenha o mínimo de recursos para guardar seu dinheiro em poupança ou aplicações em fundos de investimentos, como se fosse um empréstimo do cliente para o banco, mediante a compensação por juros. Inversamente, essa movimentação gera uma reserva favorável, o que possibilita empréstimos com vantagens aos seus clientes. Um assunto melindroso de grande extensão diz respeito à natureza e ao comportamento individual para essa relação financeira entre o homem e o dinheiro. Sabendo utilizar esse sistema, você como cliente, com conhecimento e astúcia, terá uma relação de amor, o avesso, certamente, uma relação de ódio com o banco. Saber interagir é o grande segredo. Lembre-se, os bancos dispõem de serviços diversos, em especial, guardar e emprestar dinheiro. Os bancos estão de portas abertas, à espera de clientes com interesse exclusivo de vender dinheiro. Sim! Vender dinheiro. Não há grande diferença do comércio em geral, é como entrar em qualquer loja que dispõe de produtos de todos os gêneros à venda, contra o justo pagamento, exceto as peculiaridades. No caso de empréstimo bancário, adquire-se um determinado valor principal, às custas de um cadastro, garantia ou avalista, juros, correção monetária, taxas e às vezes a obrigação da inclusão de seguro. Naturalmente, por consequência da dívida contraída, a previsão de pagamento do valor a pagar no futuro. Ao recorrer a um banco, deve haver a consciência em três óticas básicas e distintas para satisfazer a necessidade existente e justificar o empréstimomo: 1) a procura por necessidade extrema, 2) guardar dinheiro a título de investimento e 3) explorar o banco sabiamente. Ou seja, guardar ou buscar dinheiro com inteligência, quando conveniente, vejamos:

A *primeira* ótica, por necessidade, não se deve ir com muita sede ao pote. A extrema necessidade pode levar a uma situação de desconforto, na data prevista para o pagamento, a conta chega. A devida atenção ao montante e para que se destina exatamente o dinheiro é imprescindível. Exceder o valor, fazer com isso uma farra, é causar problema no futuro. Há que se analisar friamente as condições e forma de pagamento, ou seja, a liquidez sobre o recurso levantado deve ser precisa, há que suportar a amortização, com juros, isso é essencial. Não se esqueça, as necessidades básicas de sobrevivência permanecerão inalteradas, viver custa, com a nova obrigação pode ocorrer acúmulo. A falta de pagamento gera inadimplência, com a certeza de medidas judiciais cabíveis contra a sua pessoa e o avalista ou o comprometimento da garantia ofertada. O constrangimento é certo.

Na *segunda* ótica, guardar dinheiro, um privilégio, investimentos com rentabilidade de renda fixa ou variável. No mercado de renda variável, como diz o nome, as oportunidades são variadas através das diversas propostas do banco, visando atrair o cliente investidor, fazer com que entre e invista. Sempre com sugestões atrativas de taxas, inclusive revisão da corretagem sobre o valor da operação. Investimento de renda fixa, o mais comum, promete o resgate a qualquer tempo ou, ao contrário, data prefixada para o levantamento da importância investida. Alguns desses investimentos são garantidos por um fundo garantidor federal, em caso de falência do banco. Aqui, um valor limite para a recuperação do investimento. Através dos depósitos em aplicações variadas, o banco gira sua carteira financeira, em um círculo vicioso que traz divisas positivas. Enquanto que o investimento em caderneta de poupança, mesmo não sendo considerado o mais rentável, é o mais popular e de fácil acesso. No entanto, o de menor rentabilidade. Os recursos captados são destinados aos órgãos federais, com o objetivo de investimentos na habitação. Para investimentos agressivos, a necessidade de conhecimento profundo e análise de mercado.

Finalmente, na *terceira* ótica, explorar o banco, no sentido de aproveitar as facilidades ofertadas pelas próprias instituições bancárias, é assunto para os grandes investidores. Estes, sabiamente, guardam dinheiro e, ao mesmo tempo, buscam financiamento para suportar o custeio e o investimento de sua atividade, seja comercial, industrial ou agropecuária. Essas condições são a cereja do bolo do aspecto financeiro. Aqui, o privilégio dos recursos disponíveis para investimentos na produção rural ou comercial, com juros módicos, onde prevalece o provérbio popular "dinheiro chama dinheiro". Mesmo com a suposta vantagem, deve imperar a preocupação do resultado do valor pretendido na ocasião do levantamento do dinheiro para o investimento. No caso da atividade rural, existe o risco de perda da lavoura por situações diversas, como o clima, falta de chuvas adequadas, por exemplo. Louvável a seguridade da cultura, dadas as imprevisões de cada região, a critério do cliente ou exigência do banco, entre a safra e as safrinhas.

No caso da atividade comercial, os riscos não são diferentes, o êxito do negócio é fundamental, para cumprimento das obrigações junto ao banco.

Exemplos de erros e acertos relacionados às instituições bancárias são incontáveis na história. No *aspecto positivo*, sempre relacionado aos investidores abastados, que buscam as facilidades de financiamentos em benefício do crescimento certo e com as condições favoráveis, ficam mais ricos. No *aspecto negativo*, uma demanda sem fim, pessoas otimistas com a aparente vantagem da facilidade dos financiamentos bancários foram levadas à falência.

Um exemplo de instabilidade financeira no Governo Federal de esquerda no início dos anos 2000. O otimismo do crescimento econômico chegando no auge da prosperidade, restou decepção. Com o conhecimento de que o dinheiro não aguenta desaforo, a economia brasileira desacelerou e o sonho de milhões de pessoas acabou por mergulhar em uma bacia de água fria.

Uma situação enganosa de crescimento econômico imobiliário no país levaria, por décadas, milhões de pessoas ao sofrimento por acreditarem no crescimento e incentivo proposto. A receita favorável, porém, de política enganosa e assistencialista resultou no desperdício, com investimentos escusos por toda a América Latina. Com isso, o descaso ao erário público, a economia fadigada, frustraram a expectativa da aquisição da casa própria ou investimento do seu próprio negócio. Restou a recessão, que trouxe o comprometimento dos investimentos, somada à manutenção dos compromissos básicos familiares, o caos. Com isso, uma ferida exposta: na *política,* ideais pretensiosos e comunistas, na *finança*, a incerteza da instabilidade sem fim. Enfim, tudo fica à mercê do tempo perdido no espaço. Só ele, o tempo, dirá o que restou e como todas essas feridas serão cicatrizadas. Justamente no momento único e ímpar da vida de cada um de nós, atribulações de todas as ordens nos trouxeram preocupações e consequências pública e particular. A bênção do Espírito Santo que nos proteja de tanta insanidade, provocada pelo próprio homem apátrida, às custas da ganância e seus ideais controversos. Como escreveu ***Edmund Burke*** (1729-1797), "A espécie é boa e o homem é tolo".

Contudo, viva com sabedoria, sem medo do caminho a ser percorrido, nas encruzilhadas da vida pedras existirão. No entanto, não querem que você tropece sobre elas, são estáticas, basta cuidado. Cuide-se com o banco, por trás dele há outros homens, não são pedras estáticas que não fazem mal. O cuidado para não desejar além das suas possibilidades e condições junto a uma instituição bancária. Por outro lado, o sonho da ousadia para a prosperidade há que se manter, não pode parar, erguer-se à altura de sua pretensão para atingir o seu objetivo, mantendo os cuidados na manutenção moral e financeira, para que não haja frustração e sofrimento. Decisões equivocadas podem trazer consequências irreparáveis para toda a sua vida, inclusive na harmonia familiar. Analisar de fato o que é bom e necessário para obter uma operação financeira. Não esqueça que a vida é uma realidade e o equívoco traz consequência prática, não é ficção. Ler e se divertir com as revistas de quadrinhos, a exemplo do sonhador Tio Patinhas, é bom, traz alegria para a alma e alivia o coração. No entanto, não alivia a dor originada pelos objetivos impossíveis de serem alcançados. Buscar sempre a razão, fazer sobrepor a emoção da sede financeira, que cega a realidade dos nossos passos. A paciência e o tempo contribuirão para o seu crescimento.

Eis a brincadeira da ciranda financeira que tanto faz penar, com muito suor e trabalho, não é bom correr grandes riscos no início. Com o amadurecimento, terá o privilégio de poder explorar o banco, com condição satisfatória. Aí sim! O risco é permitido e favorável. Essa benevolência financeira do banco não é por acaso, há necessidade de giro e captação de dinheiro em todas as circunstâncias e variedades da atividade. Afinal de contas, alguém precisa contribuir e ajudar na manutenção da reserva do seu lastro. Nesse sentido, o atendimento àquele que procura auxílio financeiro, espremido pela extrema necessidade. O banco também se espreme, seu cofre precisa se manter cheio para sustentar seu lastro. Experimente dizer a um gerente de banco a necessidade de retirar o seu alto investimento do banco para outro fim, ele fará de tudo para que isso não aconteça, fará promessa para a sua alma não chegar ao purgatório. Inclusive, oferecer melhor taxa de remuneração. Afinal de contas, na competição anual, com o encerramento do balanço contábil, terão orgulho do superávit bilionário entre seus abastados concorrentes, os banqueiros.

Com o devido cuidado, você pode tornar esta difícil e complicada situação mais divertida. Não esqueça as pequenas coisas e os bons momentos da vida com amigos e familiares. Estes trazem vantagens sobre os benefícios incertos das finanças. Não devemos jamais ceder às vontades através da ganância e ir além do suficiente. Caminhe junto com os investimentos, mas não os deixe tomar conta de você. Lembre-se de que a ilusão traz má consequência para si mesmo. Por isso, não faça ou deixe o dinheiro sobrepor a razão da sua dignidade. O preço a ser pago pode ir além dos juros e correções que as instituições bancárias exigem e não perdoam. Às vezes com sacrifício pode-se pagar, mas as sequelas do descontrole podem deixar marcas para sempre no seu subconsciente, a sua dignidade ferida e o seu nome manchado nos arquivos das restrições.

No entanto, o mercado oferece múltiplas variedades de investimento, qualquer que seja ele, e, de acordo com a experiência adquirida, saberá onde colocar os seus pés, ou melhor, o seu dinheiro. Ao contrário, há quem diga que sem dívida não se chega a lugar nenhum, não crescem, são mestres na arte de contrair financiamentos bancários às custas de hipotecas de suas propriedades. Aí, uma questão exclusiva de perfil e de natureza pessoal, que se vê em condições de colocar em risco o patrimônio e a saúde. Assim, a incerteza e o risco prevalecem, pode ser que tudo dê certo ou não, fica a critério da capacidade em se assumir riscos.

Diante de tantas instabilidades econômicas, promessas de bons investimentos, como o exemplo dado e detalhado do incentivo na aquisição da casa própria e variações financeiras, colocar todos os ovos em uma única cesta pode ser arriscado. Por isso, a variedade de investimento faz bem, na dúvida do mercado, um prevalece ao outro. Portanto, seja sempre prudente.

"Assim, por todos os tempos, não damos conta da velocidade com que a vida passa, o tempo não se incomoda, ele permanece pelos milênios, dia a dia, sem pressa. Não está nem aí para nós, a vida humana se renova, para ele não faz diferença. Com isso, estacionamos o pensamento na jovialidade da mente e esquecemos que o corpo padece."

SEGUNDA FASE
TRABALHO

Introdução

A primeira fase concluída, avante ao trabalho. A virtude e a determinação à flor da pele; os sonhos de realização da prática profissional superam todas as barreiras antes intransponíveis. Um novo caminho e as novas descobertas com relação à profissão escolhida. Surgem a todo vapor as surpresas e as dificuldades antes não imaginadas. Agora, o início do trabalho, muitas vezes com a necessidade de especializações. Como não bastasse, um caminho a percorrer, a culpa inconsciente das contas que ficaram para trás, tantos anos de dedicação dos pais, desde os bancos escolares, uma nova etapa, vencer profissionalmente! Neste momento, apesar da conclusão universitária, técnica ou informal, uma nova batalha surge mesmo com a certeza e segurança da sua escolha acertada ou não. A dificuldade no campo de trabalho, o pensamento de exercer sua profissão como autônomo e independente, as dúvidas podem levá-lo aos concursos públicos dentro da sua área, ou não, até mesmo para atividades longe da sua imaginação e do que escolheu. Resista com bravura e determinação na manutenção do exercício de sua profissão, de acordo com seus ideais e qualificação. São comuns as surpresas, muitas vezes acaba-se por sucumbir às ofertas disponíveis. Nesse momento, além das dificuldades do mercado, pode ocorrer o desabamento definitivo, o desgosto tardio pela opção profissional, não bastasse a simples dificuldade no mercado de trabalho, agora agoniza no arrependimento da escolha equivocada ao seu talento original. Com isso, neste capítulo, descrevo títulos, com abordagens individuais, exclusivas e conclusivas, como se cada um fosse um pequeno livro. Com a expectativa de contribuir e esclarecer possíveis equívocos correlacionados ao trabalho, com sugestões alusivas à qualidade de vida, relacionada ao tempo e ao custo-benefício do suficiente, considerando, incessantemente o privilégio a ser alcançado no futuro, o bônus.

Erro, sinônimo de aprendizado

Erros não são simplesmente erros. A nomenclatura é sacramentada erroneamente e generalizada como erro; devemos considerar que nem tudo é erro, literalmente. Afinal, as conquistas e todas as formas de aprendizado só ocorrem às custas de procedimentos errados que levaram à insatisfação, que atribuímos como erro. O sentido é distorcido, o erro gramatical traz aflição, medo, angústia, insegurança e estresse. Como se fosse uma enfermidade. Na realidade, é um remédio amargo, que com o tempo trará benefícios em todos os sentidos: na saúde, finanças, relacionamentos amorosos, amizades, escola, trabalho, ou seja, em todos os segmentos profissionais e no cotidiano, situações negativas de toda natureza são relacionadas ao erro, como se fosse um vilão. Passado o período de convalescência após o suposto erro, o remédio, ou melhor, o erro, por consequência, fará bem e irá curar o mal. Assim, a falta de conhecimento no passado, no presente não existirá. Com isso, o resultado do temido erro transforma seu conhecimento, que trará efeitos positivos, confiança e vigor nos próximos assuntos correlacionados ao motivo que outrora lhe trouxe insatisfação.

Do engano que fez sofrer, do velho e conhecido erro, pode surgir uma nova experiência. Se foi pego o caminho errado e inconsciente por falta de conhecimento ou assessoria proba para obtenção do que se pretendia, após o trauma, a realização dos seus objetivos; tudo ao seu benefício; goza de experiência e conhecimento. Enfatizo que, erroneamente, dizemos que cometemos um erro, a bem da verdade não foi um erro, mas, sim, a falta de conhecimento ao fazer algo que se pretendia e não deu certo, por ignorância no assunto. No futuro, não mais ocorrerá, às custas da experiência anteriormente errada, por desconhecimento no assunto e falta de assistência. Uma vez assimilado o que não se sabia, agora, com segurança, o êxito.

Distingue-se o erro do equívoco, situações simples do cotidiano, por serem de fato apenas engano. Exemplos banais como: virar à direita e não à esquerda, como se pretendia, ou, ainda, "erro" ou engano de digitação por mero descuido e não por falta de conhecimento, mas, sim, por simples falta de atenção. Estes não trouxeram experiência positiva e muito menos aprendizado algum, por isso é justo atribuir simplesmente como erros por distração ou equívoco. Portanto, entre erros e equívocos, outra possibilidade de errar ou se equivocar menos é aproveitar os processos de aprendizados de terceiros, sem que, com isso, seja um desmerecimento à conduta alheia ou muito menos à sua conduta moral.

Por outro ângulo, o entendimento do escritor norte-americano ***Norman Vincent Peale*** (1898-1993) traz um conceito que contribui com o conteúdo deste livro: "O grande sucesso da vida está em reduzir o número de erros e em aumentar as ideias que conduzem à verdade. O influxo de pensamentos novos, justos e sadios, no espírito, reflete beneficamente nas circunstâncias da vida, pois a verdade proporciona sempre uma conduta acertada e produz, portanto, resultados também acertados". Assim, entendo que esta relação do erro que se desdobra em verdade traz o benefício e a transparência de que os erros inconscientes acabam por trazer resultados positivos que contribuem diretamente sobre o surgimento do efeito do erro. A verdade sobrepõe o desconhecimento do antes. A compreensão, a forma, contribuem diretamente para a prosperidade e consequente sucesso naquilo que se pretende.

Consequências da má escolha

Imagine-se no segundo tempo de um jogo de futebol empatado. Isso, como se estivesse na segunda fase da vida, o Trabalho. Cansaço físico e mental. No entanto, o imaginável risco de uma prorrogação, a insatisfação profissional. Considerando o início da atividade profissional, o jogo. Voraz como um garanhão, a fecundar suas fêmeas nos campos da vida, o gol. Com garra, determinação e foco, avante ao ataque com as incertezas do contra-ataque. Desconhece seu adversário na prática, as adversidades de sua profissão. A vitória é incerta e as dificuldades que estão por vir, o risco da derrota, o rebaixamento para a segunda divisão, a dúvida profissional. Ainda como se fosse uma peneirada, no início do campo da atividade profissional que escolhera, outrora, o arrependimento. A necessidade de uma prorrogação, a expectativa da vitória não foi realizada no tempo normal, a má escolha da profissão. O equívoco o levará a uma nova tentativa, como se fosse uma prorrogação do jogo. Com isso, o entusiasmo pode não ser o mesmo, cansaço mental, custo financeiro e outras tantas situações que podem dificultar a nova empreitada para a devida qualificação profissional, em busca da vitória. Há ainda o risco do sacrifício e comprometimento do bônus, não se manter na mesma divisão, como se fosse rebaixado.

Por analogia, a vida se assemelha às condições de um esportista, zelo e cautela em todas as decisões a serem tomadas, com o benefício de seu talento e vigor. Prepara-se para as apresentações em público, o que literalmente ocorre com a nossa qualificação profissional, ao expor a prática do conhecimento ao público, a torcida. A condição física do corpo é o que de fato sustenta a prática do esportista, não lhe cabe o exercício de sua atividade além de seus limites e seu tempo. Com isso, as precauções e muito zelo na escolha profissional, para não comprometer seu objetivo final, o bônus. Contudo, devemos considerar a importância da realização pessoal. Afinal de contas, nem sempre vence quem sai na frente, o caminho da vida, apesar das intempéries, com os devidos cuidados, acaba por ocasionar um brinde ao seu gosto, o sucesso, a vitória no jogo da vida.

Um exemplo comum, devido às incertezas de escolha, ***L.M.***, aos 18 anos ingressou na faculdade de enfermagem, desistiu às vésperas da conclusão, aos 23 anos. Um novo desafio e o desejo de ingresso na faculdade de medicina. Foram necessários mais dois anos de preparo pré-vestibular. Aos 25 anos, o início da faculdade e a conclusão aos 31 anos. Com a opção de uma especialização, mais dois anos. Agora, aos 33 anos, pensa em uma nova especialização. Esse é um exemplo prático, porém, ainda não tardio. Houve o arrependimento e uma nova escolha, por sorte, ainda na sequência dos estudos, trará bons frutos. No entanto, após o período anteriormente planejado, extemporâneo. Considerando a idade média: 76,7 anos de expectativa de vida do brasileiro, neste caso, um terço de vida para a qualificação plena. Neste exemplo, a incompreensão na conclusão do projeto da livre escolha por ***Sartre***, quando diz: "Assim, a consciência reflexiva, que terá mais tarde o encargo de confirmar a escolha e de a justificar, não terá conhecimento da própria escolha original que nunca poderão ser postas em questão".

Aqui o equívoco pela incerteza, somado à superação, poderá, sim, confirmar a sua segunda escolha. Ela, ***L.M.***, confirmou a sua escolha, não a original. Tem o conhecimento da escolha original, por força da primeira objeção, que trouxe a consciência da necessidade da sua segunda escolha. Por isso, se pretender, poderá colocar em questão a segunda escolha e até mesmo uma terceira. Esta história nos leva ao exemplo do filósofo ***Willian James*** (1842-1910), americano, de formação na escola de medicina em Harvard, se declinou para a filosofia e a psicologia. Considerado o pai da psicologia nos Estados Unidos da América, que ousou na supremacia do seu verdadeiro dom na realização profissional, tendo em vista a sua primeira opção: a medicina. Persistiu em busca da sua essência, chegou à satisfação de realização profissional no campo da filosofia e da psicologia.

A vida é feita de escolhas e há a necessidade de apresentação para alcançarmos o sucesso, como se estivéssemos em um palco. Por isso, cuide de seus passos, como se dançasse uma bela e suave música. No entanto, coordene-se para ficar bonito no espetáculo da vida, antes que as cortinas se fechem.

Trabalho ruim, pior sem ele

Não bastasse a dificuldade no campo de trabalho, somada à insatisfação na escolha profissional, sem alternativa, sujeita-se ao exercício e à prática da profissão que o guiará e sabe-se lá até quando suportará! No percurso do trabalho insatisfeito, ao longo dos anos, mesmo incrédulo, defenderá os interesses do próprio sustento e, possivelmente, a responsabilidade com a manutenção familiar. Os efeitos são imagináveis, o trabalho insatisfeito trará certamente frustração e tristeza. O risco de se tornar uma pessoa sem grandes horizontes e possivelmente estressada. O estresse pode ter dois segmentos distintos: positivo, no sentido motivacional de melhorar o nível de algo que fazemos ou estamos por fazer, a exemplo de uma apresentação em público de um concerto; apesar do estresse, a expectativa é positiva. No sentido negativo, dezenas de situações de estresse que podem nos levar à liberação de hormônios e substâncias químicas, a exemplo de uma discussão no trânsito, apenas expectativa negativa. Esta situação, por períodos longos e repetitivos, pode se tornar crônica; consequentemente, ajuda médica será necessária. As chances de doenças por estresse aumentarão, a alegria se torna limitada, relacionamento social comprometido e muitas outras situações negativas podem ocorrer.

A situação de insatisfação profissional extemporânea certamente ocorre por se deixar levar por pressão familiar, por erro ou, de algum modo, querer dar satisfação desnecessária à sociedade, à revelia da própria essência. Árduo caminho a percorrer, no exercício da profissão equivocada! Sem alternativa, o abandono ou, às cegas, a procura de outro caminho profissional. Nesse sentido, ruim com a profissão que se tem, pior sem ela, considerando as necessidades e as obrigações inerentes a nossa subsistência. Prossegue, tendo em vista as necessidades essenciais à sobrevivência, e adapta-se ao que se faz. No entanto, a expectativa positiva permanece, a luz da satisfação profissional não se apaga. Com entusiasmo, há de prevalecer a realização, às custas do talento ou habilidade uma nova atividade profissional. Se não ocorrer naturalmente, é neste momento que surge a necessidade de recorrer à *autoeficácia*, um conceito fundamental da autoconfiança, terminologia da psicologia que contribui com eficácia na convicção para a realização do descobrimento e motivação para a satisfação da nova profissão. Uma luz no fim do túnel, somada à genialidade de superação do homem; considerando-se a utilização de apenas dez por cento de sua capacidade, terá êxito.

Um amigo, um psicólogo?

O detentor de grande sabedoria, ***Aristóteles***, nos privilegia com o seu conhecimento a respeito da natureza da amizade, uma virtude de fases opostas, que afirma: "Quanto maior ela for, mais riscos correrá. E por outro lado, as pessoas pensam que na pobreza e no infortúnio os amigos são o único refúgio". Porém, enfatiza o seu verdadeiro valor, comentando ***Homero, Odisséia***: "A amizade ajuda os jovens a evitar o erro; ajuda os mais velhos, amparando-os em suas necessidades e suprindo as atividades que declinam com o passar dos anos; e os que estão no vigor da idade ela estimula a prática de nobres ações, pois com amigos – dois que andam juntos – as pessoas são mais capazes de agir e pensar".

Neste livro, considerando que a vida fosse uma viagem, na primeira fase formação, é como se estivesse saindo; na segunda fase trabalho, como se estivesse indo; na terceira fase bônus, como se estivesse chegando. A amizade fortalece todos os caminhos que percorremos, como se fosse o ar que respiramos. Não imagino uma pessoa sequer em toda a existência humana na terra não ter tido um amigo.

Diversos são os motivos que causam e desenvolvem o estresse. A insatisfação profissional não pode ser levada menos a sério, com relação às causas do cotidiano que nos afetam e certamente desenvolvem o estresse. Um verdadeiro amigo, confidente, poderá ajudá-lo, não hesite! Parte de suas dúvidas estará resolvida, e não seus problemas. No decorrer do exercício da advocacia, sempre mantive o hábito, em situações de constrangimento, em determinados assuntos delicados e de percepção de estresse, atender, quando possível, em lugares agradáveis e diferentes. Em um bar, café ou restaurante, uma conversa descontraída, o campo é neutro, ajuda a minimizar e tornar momentos tensos em momentos agradáveis, afastando a tensão dos escritórios. Estes, por mais agradáveis que possam ser, não contribuem para o relaxamento.

O conceito de bar é equivocado para a grande maioria das pessoas, que o definem como um espaço apenas para beber. Digo que não. Se esta premissa fosse verdadeira, beberíamos apenas em casa, o que não é mal, mas não seria um lugar adequado. O bar contribui para o relacionamento social entre pessoas, que normalmente têm algo em comum: não é apenas o prazer de se deliciar com uma bebida do seu gosto com moderação, mas a liberdade, a satisfação, o lugar sugere a livre comunicação, a nostalgia. A descontração e o relaxamento acabam por contribuir positivamente no emocional, e, por consequência, fazem bem à saúde.

Muitas situações de conflitos, ao longo dos anos, foram resolvidas fora do ambiente formal dos escritórios, em um bar ou café, mesmo como amigo, agindo como advogado, pois descontrai e facilita. Às vezes, contribui na revelação de situações e problemas que o afligem. A exemplo de um cliente, ***R. R.***, que sofreu por vinte anos a tensão e o desconforto do relacionamento conjugal. Em um bar, conseguiu libertar-se da angústia. Indaguei por que não revelara antes! Respondeu nunca ter tido coragem. Depois de muitos anos, em uma mesa de bar, conseguiu relaxar e desabafar algo que o incomodava por décadas. Assim, um bar ou outro lugar favorável e descontraído pode ajudar na resolução de pequenos incômodos, problemas e angústias pessoais, com o auxílio de um amigo despretensioso.

No entanto, não se deve confundir o amigo em uma situação de real necessidade com um psicólogo. Ao contrário, não confundir o psicólogo com um amigo, havendo necessidade, você é um paciente, a relação é terapêutica. O amigo ouve, fala, uma troca de amizade e cordialidade. O psicólogo ouve tecnicamente, é uma relação profissional na resolução de questões emocionais, cognitivas e de diversas situações de comportamento que afligem os pacientes e não o amigo. Outro exemplo que trouxe controvérsia. Um amigo, ***R. V.***, ao buscar tratamento de psicoterapia, com problema conjugal, na tentativa de restabelecer o seu casamento, segundo ele, a profissional manifestou interesse pessoal e agiu com um tiro certeiro. O paciente vulnerável deixou-se levar e não resistiu aos encantos da doutora psicóloga. O novo relacionamento trouxe o fim definitivo do casamento abalado. A relação deixou de ser profissional e se tornou caseira. Concluindo, a má profissional, com alguns anos de relacionamento, deixou um saldo negativo na psique do seu ex-paciente e, por consequência, na psique financeira do seu ex-esposo. Um provérbio popular: "morro e não vejo tudo".

Mudar de profissão

Após anos de trabalho árduo, surge a dúvida na insatisfação, o equívoco, o "erro" na escolha e na prática profissional. O tempo passa, se depara depois de muitos anos com a insatisfação profissional, o trabalho que coloca o alimento na mesa de sua família torna-se um peso insuportável. E agora, o que fazer? A idade um pouco avançada, anos de trabalho e não há prazer no que faz. É difícil! O que pode ser feito? O prazer de fazer o que gosta deve estar à frente de tudo. Em qualquer circunstância, devemos maximizar e primar por essa possibilidade, custe o que custar. Não havendo outra alternativa, passo a passo, com zelo, prudência, planejamento e muita maturidade, rumo ao prazer sublime, a dignidade do ser humano, o trabalho honrado com satisfação e alegria.

Se pretende mudar de profissão, faça da interrupção do velho trabalho um aprendizado, os novos horizontes trarão alegria e, no futuro, não terá arrependimentos. Mais vale uma tentativa frustrada do que jamais ter tentado. Não haverá frustração no futuro, quando se busca o que se pretende, com a vontade do coração, tudo terá dado certo. Afinal, houve a tentativa; consequentemente, não haverá dúvidas por não ter arriscado uma nova opção. Aqui, levar em consideração o trecho do título anterior: Ruim com você, pior sem ele. Se a mudança profissional não ocorrer de maneira natural, buscar a contribuição da autoeficácia, mal não há de fazer.

"O espírito de um homem não há de sossegar em paz enquanto a sua maior virtude não for sincronizada com a realidade do seu verdadeiro eu".

Um exemplo de aprendizado financeiro na infância

Uma brincadeira de criança pode refletir nas condições financeiras de uma pessoa no futuro? Foi o que ocorreu, um exemplo pessoal, singelo e, diria, infantil. Acredite, as realizações foram suportadas à base de uma brincadeira de criança na infância, jogar bolinhas de gude.

A lembrança dos tempos de criança me proporcionou a prática para administrar as receitas no início do trabalho, sem preocupação, sem economia, mas com determinação e objetividade para o futuro. No início da segunda fase da vida, à qual atribuo o momento destinado ao trabalho, a inspiração nas brincadeiras de se jogar bolinhas de gude, a realização de uma vida digna e de sucesso, a ponto de desfrutar desde o início a fartura financeira, o merecido bônus. Não obstante os prazeres da vida em todos os momentos do passado, com o sucesso profissional, as portas do escritório se fecharam. Agora, as portas abertas do mundo para usufruir a vida, a consciência do suficiente. As bolinhas, no início, eram poucas, armazenadas em pequenos vidros, adquiridas por alguns centavos, e aos poucos tornaram-se centenas. Com o tempo, sem medo de perder ou com "sorte" ganhar, o aumento foi substancial. Eis a ideia que seria a razão do planejamento no futuro, numerá-los e atribuir um nome a cada um dos vidros, como se cada um fosse um banco. Com planejamento, criar os meus próprios bancos, paulatinamente. Com este exemplo, jamais recorri a uma instituição bancária para um empréstimo.

Aprender a utilizar de acordo com as necessidades, às custas das suas próprias condições, seus próprios bancos, traz consequências saudáveis. Essa diversidade de investimento fez bem. Se um vidro quebrasse ou se perdesse, poderia recorrer a outro vidro sem traumas ou ansiedade, simplesmente ir a outro banco particular. Portanto, na infância, o meio que se vive traz influência positiva ou negativa para o desenvolvimento financeiro no futuro, a boa informação recebida, somada aos incentivos de atenção e zelo, podem, sim, contribuir para o sucesso e a independência financeira.

"A imaginação é mais importante que o conhecimento, porque o conhecimento é limitado, ao passo que a imaginação abrange o mundo inteiro." Albert Einstein.

Por muitos anos, a tentativa e curiosidade da distinção por raciocínio da inteligência do homem, entre dois pontos de vista, vejamos: **A inteligência natural**, desenvolvida e armazenada às custas de uma simples leitura, tudo que se lê ou se ouve é facilmente registrado na memória ou no subconsciente, como se fosse um arquivo, uma inteligência sintética por efeito, o privilégio à disposição como se fosse um relâmpago, tudo lembra. Naturalmente, os benefícios e vantagens inerentes a esta capacidade. Mesmo assim, percebe-se a dificuldade de criatividade e imaginação. Resigna-se de maneira desfavorável, limita-se ao trabalho condicionado e permanente.

Na contramão desta inteligência limitada, a inteligência de **imaginação ilimitada,** não há a mesma facilidade de armazenamento sintético, mas o privilégio da criatividade imaginária, gratuita, que leva os pensamentos à genialidade da criação. Esses privilegiados podem não ter o hábito natural da leitura. No entanto, eles têm a facilidade para o desenvolvimento por meio da criatividade, como o olho de uma águia, que tudo vê. A questão é distinta entre as duas inteligências, não há discussão do desfavorecimento da criatividade espontânea entre ambas, mas a dificuldade de entendimento e aceitação das pessoas caracterizadas como apenas inteligentes e não criativas. Não admitem a distinção apesar da visível falta de criatividade e, normalmente, perdem-se pelo caminho, salvo exceções. Assim sendo, conclui-se que o conhecimento através da inteligência pode ser comprado, por exemplo, através de livros, adquire-se e armazena-se tudo que lê. Desta forma, o conhecimento de fato torna-se verdadeiro, mas limitado à leitura, e fica na proporção da vontade individual. Viva a imaginação!

Enriquecer, o dom está no berço?

Atribuir ao dom a possibilidade de se tornar uma pessoa rica, somada à educação familiar e à escolaridade na infância, consiste na consciência natural de perseverança a essa pretensão. A comunicação entre esses princípios traz a crença de serem básicos para a prosperidade, independentemente da hereditariedade. A conclusão com êxito na boa formação é o caminho aberto para o sucesso.

A possibilidade de ser um homem rico é produto de uma relação saudável na infância com o meio cultural em que se viveu, com raras exceções. Envolvido em boas relações na saúde financeira desde a infância, com seus familiares, amigos, vizinhos, é a demonstração clara de boa qualidade de vida, com referência às finanças. Isso refletirá na possibilidade positiva para ser um homem rico no futuro, sem grandes dificuldades. Ao contrário dessa situação favorável na infância, também é possível se tornar um homem rico, porém, não de forma natural, exige-se um esforço quase que sobrenatural para alcançar esta pretensão, com muito trabalho e sofrimento. Essa busca com a atribuição desfavorável exige uma obsessão contrária a sua natureza, não houve sociabilidade e não foi criado e envolvido num clima de prosperidade. Não cresceu naturalmente ouvindo as benesses do dinheiro. Ao contrário, a dificuldade o acompanhou desde a infância. Por isso, a realização não será suave e despercebida.

Nestes termos, nos deparamos com pessoas e observamos a falta de sensibilidade natural. Afinal de contas, uma pessoa é rica, outra não! Simples assim. Porém, essa diferença não se verifica de maneira natural sem as atribuições do berço, faz-se perceber um novo rico facilmente. A questão da apresentação é inevitável, perceptível a olho nu, quer aparecer e fazer suas conquistas através da força do dinheiro, isso não é bom. Mesmo assim, sem objeções, naturalmente, demonstra a falta da origem para a pretensão de querer ser rico. ***J.J. Rousseau*** (1712-1778) ajusta a percepção dessa asserção, pouco vista no entendimento filosófico, penso eu:

> ***"O homem sábio está continuamente atento e sempre desconfia de suas próprias forças, reserva toda a coragem para quando tiver necessidade e jamais se expõe sem propósito. O fanfarrão é quem continuamente se vangloria daquilo que não pode fazer e, depois de ter desafiado e insultado todo mundo, deixa-se bater no primeiro encontro."***

No entanto, essa vontade está à disposição de todos, basta enfrentar os riscos para a realização desta vontade. Assim, há que se admitir o mérito, a merecida vitória. A determinação foi exemplar para a inversão de todos os valores necessários para atingir o objetivo, um bravo.

Definitivamente, a consciência de que a riqueza não está determinada simplesmente na conquista e no aspecto financeiro. A verdadeira riqueza está na alma, que eleva o espírito da felicidade ao aconchego das suas próprias condições financeiras, não sofre, não é candidato a ser um homem rico, vive feliz à sua maneira, mesmo na simplicidade, o glamour que o dinheiro não compra. A exemplo de Nilton Vieira, vulgo "Baixinho", próximo aos 80 anos de idade, sapateiro por toda a sua vida, pelo dom e hereditariedade profissional, pessoa simples, querido por todos, o ser humano mais feliz que conheço. Por todos os lugares por onde andei, não vi outro igual. Esse raciocínio é fortalecido por experiências vividas. Por isso, a base da educação de cada um, onde conviveu e a recebeu, é condição determinante para enriquecer através do desenvolvimento do dom e, crescer em um lugar privilegiado, mesmo não sendo de família abastada, contribui demasiadamente para o sucesso. Ao contrário, sendo de família abastada, desperdiçar a oportunidade, o que pode acontecer por diversos motivos, entre eles o descuido ou a falta de atenção dos pais.

Neste sentido, teoricamente, podemos afirmar que para enriquecer, essas condições, no mínimo, proporcionam, induzem naturalmente para melhor oportunidade de sucesso no aspecto financeiro. Ajuda despertar o dom. Por estas razões, me convenço do sucesso quase que unânime das pessoas próximas a estas circunstâncias.

Na infância, em casa, região de grande desenvolvimento, não se ouvia, não se conhecia a palavra dificuldade financeira. Ouvia-se, sim, a palavra trabalho, próspero e pujante, às custas de uma dose de *vodka* na refeição, para os adultos, é claro. Eis a razão da defesa da boa formação, questionada em todos os sentidos e situações no capítulo da primeira fase da vida. A formação privilegiada desde o berço, literalmente, com determinação e foco, favorece definitivamente, inclusive para o sucesso material, desperta o dom e facilita a capacitação.

Enriquecer, um passo para a independência financeira

Enriquecer é um passo necessário para a independência financeira? Esta pergunta não tem duas respostas, sim ou não. A resposta é única: sim. Veremos! Os argumentos para a escrita deste título são o resultado da experiência no exercício da profissão como advogado e do conhecimento empírico, que dispensa o conhecimento científico. Sempre atento às dificuldades dos clientes na conveniência da relação do dinheiro *versus* a vida que se pretende. Situações de sucesso com essa relação e também de muitas derrotas. E, ainda, o conhecimento, puro e verdadeiro, com relação à conquista desse seleto grupo, porém, por caminhos diferentes. A ascensão foi suave e gradativa, e sempre observada pelos de fora, a ponto de curiosidades e questionamentos da receita para o sucesso, ainda muito jovem, logo no início da primeira fase, formação. A consciência da realização financeira de maneira lenta, desfrutar com dignidade os prazeres da vida no presente e com perspectivas nas realizações pretendidas para o futuro, em busca do suficiente financeiro, o bônus. Esta realização se deu ao longo dos anos com muito trabalho, à medida do crescimento financeiro natural e sucessivo. Ao contrário, as intenções exageradas de amigos e clientes que pretendiam chegar à riqueza extrema e rápida. Há livre escolha entre as possibilidades do sucesso financeiro, lenta ou rápida. Essa escolha deve ser clara e consciente, você opta com critério de risco e a sua condição financeira do momento para este fim. Em situação distinta: às vezes a duras penas para ficar rico, há o risco de não se chegar a lugar algum e mergulhar na escuridão da incerteza. Outra situação, por opção, de maneira lenta, fiz da vida uma festa, uma diversão, pois não é preciso provar nada para ninguém. Você! Eu sou único! Você é único e capaz de chegar aonde desejar, não havia medo, não deve haver medo. Muitos outros prazeres na vida ao ar livre, caminhar em ritmo adequado, nem lento como a bela tartaruga, nem acelerado como o majestoso leopardo, meio-termo com as finanças faz bem. A opção acelerada e rápida, chegar ao estresse em busca do que se pretende, é caminhar em direção às unidades de terapia intensiva, voltar para casa após um dia de trabalho é agradável, andar próximo às unidades de terapia intensiva não é bom. O grande segredo, aos poucos inverter a situação comum que nos é ensinada, trabalhar, ter um bom emprego e ser feliz, digo que não é assim. Com planejamento, fazer com que o dinheiro corra atrás de você. Com isso, ser bem-sucedido, escravo do dinheiro não. Nunca houve obsessão por leitura de livros do gênero ou autoajuda. Aí não haveria graça. A vitória seria uma cópia massificada e, possivelmente, uma teoria forçada, não haveria o que escrever com imenso prazer. Por isso, a intenção de transmitir a realidade desta experiência, ajudar a prevenir situações de constrangimento financeiro desde o nascimento.

Os cuidados dos pais para com os filhos, ainda quando criança, com informações apropriadas e leves de investimento, com pequenos exemplos, trarão benefícios no futuro, quando adultos. A certeza absoluta em não ser unânime, um assunto delicado, extremamente particular e de muitas dúvidas, mas desenvolvido com muita reflexão. A extrema falta de conhecimento passa despercebida no início da atividade do trabalho, às vezes por consequência da má estrutura familiar na infância, o reflexo é inevitável e atinge diretamente a atividade profissional do jovem, ele padece. "O ignorante afirma, o sábio duvida, o prudente reflete", ***Aristóteles*** traz, no mínimo, algum conforto no sentido de direcionamento reto, um norte para ser visualizado e trazer possibilidades desta pretensão financeira sem traumas. Afinal de contas, é necessário conquistar um espaço na ciranda financeira, uma luz no fim do túnel há que existir, a motivação é justa e justificável.

Muitos buscam e acreditam na necessidade de cursos, palestras, livros de autoajuda, fórmulas para ficar rico, com a pretensão final da independência financeira, como se fosse uma simples receita de bolo, recheado com muitos ingredientes técnicos. Neste título, a realidade nua e crua para a realização dessa satisfação árdua, que requer, acima de tudo, determinação desde o início. Um assunto que leva todas as considerações abordadas no capítulo Primeira Fase – Formação. A base da educação familiar, acompanhada com os rigores necessários na escolaridade dos filhos desde o início, desde criança, resultará em homens determinados e conscientes de onde pretendem chegar. Não se fabrica um milionário, ele nasce naturalmente com o dom, seguido de planejamento na educação e escolaridade. O reflexo está quase que intrínseco à hereditariedade, embora não necessariamente. Afinal de contas, um filho pode não ter a mesma habilidade do pai para determinado segmento, mas terá para outro igualmente satisfatório. Por isso, como se fosse uma adição com a convivência saudável da infância e o meio que se desenvolveu. Essa base fortalece a inteligência emocional para o acerto, sobrepõe a inteligência racional, tão valorizada.

Nesse sentido, há que se considerar que a emoção é o pilar para as grandes decisões; sem ela, o barco afunda. Sem estes dois parâmetros, a base da educação e da escolaridade, esteja certo de que não chegará a lugar nenhum, a independência financeira não irá sorrir para você. Não se muda o mundo sem saber ler e escrever. Pelo menos com dignidade, isto é certo. Maneiras escusas não trazem benefícios para si ou para a sociedade. Inclusive, matéria apelativa e anteriormente discutida, no sentido de que a falta da boa educação e escolaridade digna faz com que as crianças de hoje sejam os homens que sofrerão amanhã. Isso somado às incertezas de escolha e realização profissional; consequentemente, estará fora de qualquer possibilidade de alcançar a independência financeira, nem ao menos ser um candidato a essa pretensão, o que, nesse contexto, definitivamente não é bom.

Considerando a boa formação em todos os sentidos, estará habilitado para o mercado de trabalho, não existe milagre. Sem trabalho consciente não há realização alguma. É impossível chegar a tal ponto da independência financeira deitado em uma rede de balanço. Se almeja essa condição de satisfação, mãos à obra, trabalho e disposição para as realizações do conforto que se pretende para o futuro. Salvo exceções, acreditar em ganhar na loteria ou o velho bordão dos fracos: "nascer pobre é destino, casar com mulher pobre é burrice". Isso não seria aconselhável, não procede. No entanto, com esse questionamento, a resposta à pergunta no início deste título: Ficar rico é um passo necessário para a independência financeira? Sim, a única maneira de se chegar à independência financeira, por primeiro, há que ser rico, salvo as exceções, por herança ou às custas da questionada sorte!

Você tem capacidade para ser rico?

Muitas são as situações a serem questionadas para ter a certeza de que você é um sério candidato a esta pretensão. A realidade da sua natureza a toda prova, há que ser honesto consigo mesmo, para não sofrer demasiadamente, sem razão e necessidade. É difícil se autoanalisar a esta pretensão, ser ou não capaz de produção de rendimento máximo e execução para atingir este objetivo, de ser rico. Uma simples pergunta e análise num contexto amplo e sincero há que prevalecer: eu tenho capacidade, instrução, sociabilidade, coragem para ser rico? Podemos encontrar pessoas e situações que possam responder claramente a essas indagações sem ao menos dizer uma única palavra.

A diferença social elimina uma proporção assustadora da população, em detrimento das condições de pobreza. Essa resposta, no sentido positivo, cabe a um pequeno e seleto índice percentual de pessoas. Por isso, me refiro inicialmente à base da educação e à escolaridade, para obter a resposta precisa, que, infelizmente, exclui. Entram em vigor as condições individuais de cada um de nós. Eis a questão, a dificuldade oprime e tira a oportunidade de milhões, sem culpa.

As facilidades e dificuldades que a vida oferece gratuitamente terão que ser consideradas para uma simples resposta: você tem capacidade para ser rico? No entanto, a origem de um berço não é necessariamente a única condição para a resposta, em poder estar ou não capacitado para a fila dos bem-sucedidos. Afinal de contas, a boa educação é a base, deve estar em qualquer lugar, em um berço de ouro ou em um simples berço de capim. A perseverança e a determinação são a alavanca para o sucesso, uns com mais e outros com menos facilidade. Mesmo assim, há muitos exemplos de pessoas que, com bravura, chegaram ao merecido lugar financeiro. Talvez o enigma esteja no discernimento das sábias palavras de ***Aristóteles***, em síntese a frase por ***Pablo Mendes***: "O que se tem de capacidade de fazer, tem capacidade também de não fazer". A capacidade envolve a expressão, o poder de convencimento, a altivez na obtenção daquilo que se pretende ou não. No sentido negativo, exige-se também a capacidade para a livre escolha, considerando que um "não" pode ser a resposta adequada para se chegar ao sucesso almejado, mesmo não sendo rico.

Você está habilitado para ser rico?

O privilégio de simplesmente poder questionar se está ou não habilitado para esta jornada já é um grande passo. A consciência de suas habilidades está ligada diretamente, literalmente, a fatores imprescindíveis, como autoconfiança, iniciativa, flexibilidade, competitividade, visão, carisma, capacidade de liderança e poder de convencimento. Por metáfora, em uma competição, onde você é um candidato no páreo da pista dos que almejam a vitória financeira. Considere que você é o seu único concorrente. Não pode depender de ninguém, um mérito exclusivo, ninguém pode ficar rico por você. Afinal de contas, o *jockey* concorrente não lhe dará chance, ele também quer vencer, ficar rico. Agora cabe a você, com as rédeas nas mãos, como um alazão, forte, hábil, buscar ser rico. A resposta *positiva* vem pela condição favorável da sua performance e a sua pretensão. Às custas de sua atividade profissional, planejar, demonstrar sua habilidade, se sobressair aos seus concorrentes, mostrar a que veio, fazer a diferença e superar todos os obstáculos.

No futuro, a realização, as cifras dos prêmios irão demonstrar se houve acerto na sua habilidade e chegar ao tão sonhado objetivo, cruzar a linha de chegada, é justo o seu coroamento. A resposta *negativa* também vem pela sua condição, neste caso, admitir a condição desfavorável da sua performance. Ultrapassar seus limites da possibilidade desta superação, ir ao contrário da sua natureza não convém, deve admitir naturalmente. A virtude é natural de cada pessoa, se não corrobora com a sua habilidade, certamente não vai se incomodar, não trará autocobrança. Não ter autoconhecimento, neste caso, ajuda a controlar suas emoções, que, aliás, independentemente de a sua resposta ser positiva ou negativa, contribui com a livre escolha e acaba por trazer benefício com o resultado final, porque simplesmente aceita.

Ele teve sorte ou foi planejamento?

Muitos atribuem o sucesso profissional a um lance de sorte no decorrer da vida profissional. Com certeza não é sorte. Esta "sorte" está embutida na essência individual de cada pessoa, uma luz, é o mistério que faz a diferença. Esta situação é facilmente observada em uma família, onde há diferença no sucesso financeiro entre irmãos, com a mesma formação, escolaridade, princípio moral e ético, tudo na mesma dose, nem mais, nem menos. No entanto, o sucesso de um, ao contrário, o fracasso financeiro do outro. Por que essa diferença ocorre? Há mistério que envolve essa curiosidade, talvez um privilégio divino individual, a fé, que traz benefícios nas atribuições na sua existência aqui na terra. Por outro lado, devemos acreditar em uma característica hereditária que traz no cromossomo uma diferença de perseverança.

Nessas condições, o mérito está na visão adquirida naturalmente, e acaba por contribuir positivamente para atingir seus objetivos. Não há sorte, mas, sim, uma visão peculiar de quem se dedicou bravamente, com determinação e foco na formação, desenvolve-se um olhar de águia. Desenvolve-se o equilíbrio emocional com relação a tudo que se pretende. Tudo vê, aproveita as oportunidades que outros deixariam passar. Um exemplo de perseverança, um jovem universitário, ***G.P.***, nas férias, o trabalho com a prática de estágio remunerado em uma grande fazenda de plantação de eucaliptos, na região leste de Mato Grosso do Sul. Na lida árdua do dia chuvoso, no crepúsculo, perdido nos labirintos da plantação de milhares de hectares de eucaliptos, a pé, pois o seu veículo o abandonara por problemas técnicos. Eis que surge um veículo de luxo, apropriado à atividade do campo, e lhe oferece carona, o jovem recusa, alega estar todo molhado.

O motorista insiste e ele aceita a carona que mudaria toda a história de sua vida. O motorista era o seu patrão, o arquimilionário proprietário da grande fazenda. O assunto sobre a sua atividade, tão jovem e nas férias, trabalhando como estagiário, enquanto poderia estar se divertindo e descansando. Respondeu-lhe que aproveitara a oportunidade do estágio remunerado, pois necessitava e ajudava a pagar a faculdade. Na conversa, o patrão falou sobre a pretensão de vender a propriedade. Dias depois, em visita à fazenda vizinha, ofertou ao proprietário, que também estava ocasionalmente na fazenda. O negócio prosperou. Nestes casos, de compra e venda, atribui-se comissão à pessoa que intermedeia o negócio. Neste exemplo, dois detalhes que superam os limites da imaginação, sorte, destino ou foco. Primeiro, ambos os proprietários eram residentes nos grandes centros, vêm ocasionalmente na fazenda, não há o que fazer, o tempo é o seu parceiro, aguardam o crescimento da plantação. Segundo, passado algum tempo, o comprador decidiu vender a fazenda e novamente ele conseguiu um segundo comprador. Ganhou bastante dinheiro, formou-se como engenheiro florestal. Hoje é um rico empresário com várias atividades em todo o território brasileiro, todas relacionadas com o meio rural. Dos seus estudos, aproveitou a primeira oportunidade para alavancar o sucesso, resta a gratidão. Se foi sorte, destino ou foco, não há como mensurar, por certo a determinação na busca de seus objetivos, somada à sua autopercepção, o levou ao sucesso ainda muito cedo, isso é bom.

No exemplo anterior, havia um objetivo pertinente à conclusão da formação, o foco, a faculdade. Este exemplo foge à compreensão, que nos leva a imaginar os mistérios da vida de cada um de nós. ***N.P.G.***, aos sete anos de idade, residente em uma pequena cidade do interior do estado de São Paulo, engraxate, de família pobre. Em um dia corriqueiro, como outros antes, na brevidade de sua idade, próximo à hora do almoço caminhava para sua casa, descalço, pelas ruas de chão, feliz com o resultado do seu trabalho, pois havia clientes por todos os cantos. Inesperadamente, foi surpreendido por um veículo desconhecido, com placas de outra cidade, que estacionou ao seu lado. O motorista, um senhor de cabelos grisalhos, lhe cumprimentou: bom dia! O menino educadamente lhe respondeu bom dia. De imediato lhe perguntou, achando ser um dia de muita sorte: o senhor quer engraxar os seus sapatos? O senhor lhe respondeu que não, que queria apenas uma informação, disse-lhe que era de outra cidade, que não conhecia ninguém. Perguntou-lhe se conhecia algum vendedor de fazenda na cidade. O menino imediatamente respondeu-lhe que sim, ele tinha um amigo corretor de imóveis, que sabia de fazendas para vender. O senhor, entusiasmado com a firmeza e objetividade do menino, pediu que ele o levasse para conhecer esse seu amigo. Nem ao menos houve a resposta, se atreveu, colocou seu instrumento de trabalho, a caixa de engraxar sapatos, na carroceria da caminhonete e entrou no veículo, faceiro, admitindo de fato ser um dia de sorte, poder andar em uma belíssima caminhonete de última geração. Apresentados os senhores, o interessado em adquirir uma fazenda na região e o amigo corretor, a missão estava cumprida, retornou feliz para a sua casa. Com o movimento atípico, já estava atrasado para o almoço. Passados alguns dias, o seu amigo corretor chegou a sua casa de surpresa; o pai de menino, a princípio, ficou surpreso e preocupado com o que teria acontecido, a razão da presença do corretor em sua casa. Calmamente lhe contou a história, que seu filho, ***N.P.G.***, lhe trouxe um cliente e este adquiriu uma fazenda na região. Como agradecimento, quero lhe ofertar um terço da comissão sobre o negócio da compra e venda. O pai, estarrecido, naquele momento trabalhava como frentista de um posto de gasolina, sem palavras perdeu o sentido das pernas e sentou-se, incrédulo com o que acontecera.

Neste exemplo comovente e sensível devido à pouca idade do menino, questionamos se houve "sorte" ou a manifestação do "destino" pelos caminhos, pois não houve foco, simplesmente aconteceu. Aqui, concluem-se duas situações: primeiro, a generosidade do amigo corretor, que não apenas contribuiu financeiramente com a família, com um valor nunca imaginado e que viria mudar o destino daquele menino. Segundo, no nosso entendimento, além do benefício, despertou o imaginário de uma criança para o futuro, trazendo a expectativa de crescimento financeiro vertical. Acreditou na real possibilidade de distanciar-se da pobreza, que dificulta a boa formação e o conhecimento. Hoje, aquele menino, aos 64 anos, é um fazendeiro bem sucedido, consciente do suficiente e vive feliz com a família em Mato Grosso do Sul.

Equilíbrio

Quem foi ***Aristóteles***? Um filósofo grego, nascido na cidade de Estagira, no império da Macedônia (384-322 a.C.). Foi aluno de *Platão* e professor de *Alexandre – o Grande*, influenciou o pensamento ocidental. Enquanto Platão considerava válido apenas o conhecimento intelectual da verdade obtida por meio das essências puras, puramente intelectual, Aristóteles passou a considerar a validade intelectual de outro tipo de conhecimento: o empírico. Na área do conhecimento, a lógica e a valorização do conhecimento empírico para a obtenção de qualquer conhecimento prático sobre o mundo. Neste sentido, desenvolveu suas teorias na democracia, sistematização, ética e lógica. Suas obras são divididas em livros com assuntos diversos: tratado metafísico, lógica, física, biologia, antropologia, e tratados sobre a escrita na poesia e retórica. Um dos maiores pensadores de todos os tempos, ***Aristóteles*** *é reconhecido como o pai da lógica, do pensamento lógico.* Em sua obra *Ética a Nicômaco*, escrita no século IV a.C., formula a noção do meio-termo, a mediana aristotélica, entre o excesso e a falta, e que se configura como virtude. O conteúdo do livro permanece plenamente atualizado nos dias de hoje. Por isso, a base do seu entendimento e conhecimento para a difícil compreensão desta matéria. Em razão desse mister, com a experiência profissional, nos colocamos no patamar de conhecimento empírico para desenvolver este livro e neste título ilustrado com os fundamentos de *Aristóteles*. No título, "Ele teve sorte ou foi planejamento para ser rico?", um questionamento que procura dar um norte àquele que busca ser um homem rico e ao outro, que traz a dúvida da forma como se conquista a independência financeira. É essencial a distinção entre a sorte e o planejamento com o meio-termo. Normalmente se atribui a denominação pejorativa de "sorte" a quem obteve o sucesso financeiro a duras penas, em detrimento do sucesso planejado do outro. ***Aristóteles*** escreveu assim: "Ora, a virtude relaciona-se com paixões e ações em que o excesso é uma forma de erro, tanto quanto a carência, enquanto o meio-termo é uma forma de acerto digna de louvor; estar certa e ser louvada são características da virtude. Por consequência, a virtude é uma espécie de mediana, já que, como vimos, o seu alvo é o meio-termo".

Em síntese, as sábias palavras do consagrado filósofo ***Aristóteles***, atualizadas em termos contemporâneos por ***Pablo Mendes***, na obra *A virtude do equilíbrio*, trazem fundamentos atualizados e demonstram a compreensão na suavidade dos termos usados por Aristóteles, que usa, em vez de equilíbrio, a palavra "meio-termo".

"(...) é o equilíbrio entre dois extremos instáveis, e igualmente prejudiciais, quando transgredido". – "O homem tem um único objetivo a ser perseguido: O bem. Bem que conduz à felicidade! Praticar a generosidade é, antes de qualquer coisa, agir equilibrado, com retidão e sabedoria. – Um ato equilibrado, executado com a sabedoria necessária para que o seu feito transcorra conforme a dose acertada diante de cada momento, desafio existencial. Tal dose, assim como no universo farmacológico, para configurar-se como remédio ou antídoto capaz de salvar vidas, capaz de proporcionar saúde ou, ao contrário, para configurar como veneno, convertendo-se em algo destrutivo, dependerá sobremaneira da adequação da dosagem residente sempre entre o excesso e a falta. Essa justa medida, isto é, o equilíbrio entre o excesso e a falta, é certamente a virtude e o caminho para a realização humana". Muito se vê, por exemplo, a diferença financeira entre irmãos, com as mesmas condições, do equilíbrio de um ao desequilíbrio do outro, uma virtude que o privilegiado alcança por mérito, não em detrimento do outro, mas é assim que acontece naturalmente. Uma soma de circunstâncias que lhe trouxe a virtude, age com equilíbrio, retidão e sabedoria. Por consequência, o fortalecimento, a base para o sucesso pretendido, com o propósito final da independência financeira. Não por mera sorte, mas, sim, pelo meio-termo e circunstância. São geradas ocasionalmente, por condição de tempo e lugar. Uma coincidência que acompanha um fato, uma situação essencial, uma particularidade em certo momento feliz ou infeliz.

Assim, por buscar de maneira inconsciente, influencia de forma diversa e negativa. Age com precipitação, prazeres não essenciais, a amizade inconveniente, as drogas, trabalho equivocado, relacionamento amoroso inconveniente ou prematuro, trazendo um desencontro ocasional no início da formação, avesso aos princípios básicos familiares. Por influência e resistência pessoal aos bons costumes, é conduzido ao pensamento e prática com propósito e atitude distante do que recebeu com igualdade na educação em família. Enfim, para concluir, ressaltamos, mais uma vez o sábio conhecimento por ***Aristóteles***: "Por outro lado, é possível errar de várias maneiras (pois o mal pertence à classe do ilimitado e o bem à do limitado, conforme os pitagóricos imaginaram) enquanto só é possível acertar de uma maneira. Também por esse motivo é fácil e difícil acertar: fácil errar a mira, difícil atingir o alvo; e também é por isso que o excesso e a falta são características do vício, e a mediana é uma característica da virtude: Os homens são bons de um modo apenas, porém são maus de muitos modos". A virtude é, então, uma disposição de caráter relacionada com a escolha de ações e paixões, e consistente numa mediana, isto é, a mediana relativa a nós, que é determinada por um princípio racional próprio do homem dotado de sabedoria prática. Assim, são muitas as possibilidades que podem influenciar e levar ao desequilíbrio, ao abalo emocional e, por consequência, perdendo a razão para as decisões necessárias, inclusive as que conduzem ao sucesso. Com esta exposição, ao contrário, resta o **planejamento** positivo, sem interferência negativa. A atitude deve ser sábia e certeira na escolha da atividade do seu trabalho, com visão e autocontrole saberá certamente organizar-se no sentido de chegar ao objetivo final: a independência financeira.

"Pois qual de vós, querendo edificar uma torre, não se assenta primeiro a fazer as contas dos gastos para ver se tem com que acabar?" (*Lucas 14:28*). Assim, o equilíbrio, o meio-termo é uma virtude que se adquire, é o alicerce para a realização e pretensão desejadas. O planejamento está para a formação como o alicerce está para a edificação do crescimento financeiro vertical. É fundamental, senão a torre certamente não se sustentará. O desequilíbrio, como se fosse o vento, somado à falta de planejamento, abala a estrutura e traz o enfraquecimento. Por analogia, o equilíbrio natural, como virtude, traz resultado positivo e objetividade para o crescimento financeiro.

Teoria e consciência do suficiente

Objetivo alcançado com a consciência do suficiente – Você agora é uma pessoa bem-sucedida. Resta o caminho para a independência financeira, há que se reverter esse mérito em qualidade de vida. Trabalhar é bom, mas não há trabalho a ponto de realização sem grande responsabilidade contínua.

O exagero na proporção do seu negócio, o tamanho da pista que escolheu para a realização do seu desejo, o levará a uma vida sacrificada na administração do seu segmento, que foi a mola propulsora para o seu sucesso. Deve ter cuidado na difícil e concorrida ciranda financeira, seguir até o último dia de vida competindo financeiramente não é bom. Pode se perder correndo pela mesma pista a caminho de mais riqueza sem necessidade. Você é racional, o cavalo não, ele age por instinto, por ordem do seu senhorio. Se você se descuidar, vai correr como se fosse um hábito, por instinto, ofegante até a morte.

A objetividade é fundamental para este propósito, deixe sua atividade em outros braços. Lembre-se, o tempo é infinito, nós somos eternamente finitos. Há que se ter sabedoria, saber o momento certo para abaixar a cancela e saborear o doce sabor da vitória. Isto é demasiadamente simples. Basta ter a consciência de que necessita apenas do suficiente para suas realizações. Incompreensível o crescimento exagerado em detrimento do seu merecido bônus. O trabalho, com o objetivo de trazer tranquilidade para seus descendentes por sucessão, é razoável. Com isso, a preocupação pode se reverter negativamente, no excesso, o mais pode se tornar menos. Não se esqueça de você! A formação de seu filho já é o suficiente e o seu legado patrimonial contribui. Ouve-se dizer, senão quase para tudo, a terminologia do suficiente: você está habilitado o suficiente para ter filho, você estudou o suficiente para a prova, você se acha preparado o suficiente para tirar sua habilitação, você está preparado o suficiente para exercer esta função empresarial, você tem idade suficiente para assistir a esse filme, sabe nadar o suficiente para atravessar este rio e muito mais.

Por que então a dificuldade da compreensão do suficiente em termos financeiros? Não é razoável. Todas as considerações e exemplos no título Atos Heroicos: personalidades, pensadores e amigos, uma única conclusão, tudo se faz aqui em benefício da evolução, no entanto tudo fica para trás. Com isso, entenda! O crescimento financeiro individual e coletivo é necessário, não há dúvida, e contribui em tudo para o seguimento da sociedade. O objetivo final, a compreensão do suficiente, não se tornar escravo até os últimos dias, às custas da ganância financeira sem limite, desordenada e excessiva. Traz consequências de todos os gêneros, assunto discutido em cada título deste livro, de uma maneira ou de outra, se não devidamente observado, ir além do suficiente pode trazer resultados indesejados e frustrações. Viva a vida dentro da sua suficiência, o sabor de tudo está na quantidade exata de sal, nem mais, nem menos.

Na suavidade das palavras do filósofo ***Aristóteles*** (384-322 a.C.), o seu entendimento nas aulas dadas aos seus discípulos em Atenas, com relação ao suficiente, disse: "(...) o homem feliz, sendo homem, também terá necessidade da propriedade exterior, porque a sua natureza não é autossuficiente para o propósito da contemplação. Nosso corpo também deve ser saudável, ter acesso aos alimentos e receber cuidados. Ainda assim, não devemos pensar que o homem, para ser feliz, precisará de muitas ou de grandes coisas apenas porque não pode ser sumamente feliz sem bens externos. A autossuficiência e a ação não envolvem excesso, e podemos praticar atos nobres sem governar a terra e o mar. Mesmo obtendo vantagens moderadas pode-se agir virtuosamente (isso, por sinal, é manifesto o suficiente, pois se considera que particulares podem não menos atos dignos que um despóta – na verdade, até mais). E é suficiente que possuamos o necessário para isso, pois a vida do homem que age de acordo com a virtude ser feliz".

O celebre pensador ***Veblen*** (1857-1929) atribuiu conotação compreensível à intolerância do suficiente pelo homem, enfatiza: "A comparação odiosa entre os indivíduos nunca se torna tão favorável a um deles, que esse se descuide de tentar colocar-se ainda mais alto relativamente a seus concorrentes na luta pela honorabilidade pecuniária. Pela sua própria natureza, o desejo de riqueza nunca se extingue em indivíduo algum; e evidentemente está fora de questão uma saciedade do desejo geral ou médio de riqueza. Nenhum aumento geral de riqueza na comunidade, por mais geral, igual ou 'justa' que seja a sua distribuição, levará mesmo de longe ao estancamento das necessidades individuais, porque o fundamento de tais necessidades é o desejo de cada um de sobrepor todos os outros na acumulação de bens. Admitem alguns que o incentivo à acumulação está na necessidade de subsistência ou de conforto físico; se esse for o caso, poder-se-ia conceber que as necessidades econômicas conjuntas da comunidade se satisfizessem num ponto qualquer de progresso na eficiência industrial. A luta é contudo essencialmente uma luta por honorabilidade fundada numa odiosa comparação de privilégio entre os indivíduos; assim sendo, é impossível uma realização definitiva". E ainda: "não significa que não existem outros incentivos para a aquisição e a acumulação de riqueza, além deste desejo de sobrepujar os outros, em posição pecuniária, e desse modo ganhar a sua estima e inveja". Complementa: "Quando entra numa fase predatória, em que o egoísmo, num sentido mais estrito, se torna a nota dominante, conserva ele sua inclinação como traço essencial que molda o seu esquema de vida. A propensão para atingir alvos determinantes a repugnância por atividade fútil continuam sendo os motivos econômicos fundamentais".

A escrita de ***Veblen*** traz a conotação insana da natureza humana desde os primórdios, raras as exceções por todos os tempos. Devemos acreditar na supremacia individual de nós mesmos, no tocante à consciência do suficiente para a subsistência e bem-estar. Ter o seu momento glorioso na dimensão relativa do seu tempo de vida, é justo o sucesso por honorabilidade, porém, infundada uma odiosa comparação de privilégio com relação ao outro. Ao considerar que: "pela sua própria natureza, o desejo de riqueza nunca se extingue em indivíduo algum", neste contexto, seria admitir a não compreensão da razão deste livro – *As 3 fases da vida com sucesso*. A aceitação está simplesmente na compreensão de buscar estabilidade na fase do trabalho. Buscar organizar-se com planejamento financeiro para poder, no futuro, suportar suavemente o ônus para os privilégios do bônus.

A vida se renova dia a dia. Viver, brindar ao seu gosto, não vejo melhor satisfação. O pensamento é individual, absolutamente não em detrimento de quem quer que seja, não há vaidade, não há orgulho, há realização pessoal da conquista para desfrutar a vida.

O doce sabor da vitória

Por certo, com a idade relativa próxima à terceira fase da vida, bônus. A conquista realizada com orgulho, agora de olho na independência financeira, que lhe dará posição de destaque e satisfação pessoal em um privilegiado camarote. Por consciência, usufruir o que construiu à custa de seu esforço e consequente realização é básico. Se não houve planejamento para o encerramento, o risco de um novo ensaio e aprendizado é certo.

A responsabilidade sobre o que conquistou requer administração e continuidade. É chegada a hora do atendimento e obediência de um novo requisito, evitar as preocupações, viver com qualidade e preparar a sucessão patrimonial. É assim que funciona. Agora, deixar os aplausos da vitória para trás, os holofotes que iluminaram a sua trajetória nos palcos devem mudar de direção. Sair do palco, sentar-se serenamente com a plateia e aplaudir a continuidade do espetáculo financeiro que você construiu. É de grande conhecimento a dificuldade que existe para a realização desta condição. Se o início da trajetória para o sucesso foi difícil, passar o comando para a frente é um tanto quanto complicado, poucos conseguem essa proeza, deixar o palco e não chegar próximo do limite da cena, mesmo consciente do risco. Talvez a mais difícil de todas as situações seja passar o comando da atividade para a frente, delegar poderes, jogar o script no chão ou para as mãos de seu sucessor.

Viver intensamente é o grande segredo, conquistar, realizar e saber sair de cena. Há que se saber usufruir às custas da liderança, a sua conquista por ter sido um bom ator. Ao contrário, onde estaria o mérito e alegria do sucesso, às custas do talento e do dom ofertado divinamente? Não esqueça que o sucesso não está necessariamente na riqueza, mas nos aplausos de reconhecimento na liberdade literária de sua escolha, na peça do teatro chamado vida. De nada adianta a conquista se não souber usufruir os benefícios da vitória. Evitar a escravidão eterna em cima do que conquistou é um ato de sabedoria imensurável. Há que ser sábio, saber e admitir a sua retirada de cena. A dificuldade agora é outra, cessar o tempo de prisão no emaranhado de patrimônio que conquistou ou não, viver o bônus é essencial. Verá que precisa de muito pouco para uma vida tranquila.

Existem dezenas de alternativas para usufruir a vida nesta nova fase, como espectador talvez, a sua melhor opção. Reencontrar o velho ator que existe dentro de você, que sempre esteve lá, às margens da plateia, a observar o resultado de você mesmo. Um exemplo, imagine você em uma curta viagem em suas merecidas férias, que normalmente nos leva a uma amizade ocasional. Vem ao seu conhecimento a longa temporada de permanência do novo amigo no lugar encantado que estão por desfrutar as férias. A curiosidade toma conta de você, não entende como seu novo amigo, mais jovem, encontra-se nesta condição favorável e ímpar. O amigo não está em uma simples viagem de férias, mas, sim, em uma longa temporada de seis meses ou residindo por um ano fora da sua cidade sede, com a família, longe de casa e de seus negócios. Com certeza, nesse exemplo, houve planejamento para essa realização de se estar por muito tempo longe de sua atividade.

A administração e a responsabilidade de seus negócios com a diretoria ou com os filhos. Houve a preocupação para esse fim, fazer o dinheiro correr atrás de você e não ao contrário. Outro exemplo comum, no cotidiano do dia a dia na sua cidade, no vaivém do trabalho por anos, avistar pessoas em plena tarde de uma segunda-feira praticando esportes, à beira de uma piscina, no principal clube da cidade. Traz a incompreensão da dúvida e se põe a refletir como isso é possível. Sim, é possível, há de prevalecer a sua vontade, às custas de planejamento, uma nova escolha. Agora, do trabalho para as benesses da vida.

Uma nova missão, saber aproveitar o tempo

O benefício da riqueza não anda sozinho, deve andar de mãos dadas com a sabedoria em aproveitar o tempo a seu favor, sem culpa. Uma nova conquista, fechar com chave de ouro a sua caminhada vitoriosa no sucesso profissional. Agora, por consequência, o privilégio da independência do tempo. Considerando que o tempo é supremo, indiferente a todas as circunstâncias que dele necessitamos. Dar de ombros ao tempo e usufruir livre, sem preocupações, da independência temporal.

Como se fosse uma corrida de fundo, de longa distância. Uma resposta ao esforço ofegante do trabalho por anos, a frequência disponibilizada para a independência financeira em relação à velocidade necessária para a conquista, é justa a vitória. É justa a nova independência, agora sobre o tempo.

Por que eu deveria me preocupar com o tempo? A boa preocupação deve existir, é necessária, muitas situações de vitória financeira, querer usufruir, e não saber como reagir à disponibilidade de tempo. Uma gestão que traz benefícios em todas as fases da vida, saber aproveitar o tempo, uma verdadeira maratona para tudo que se pretende. Neste momento não é diferente, um novo aprendizado, há que se recorrer para essa satisfação de melhor usufruir o tempo. No passado, o interesse em aproveitar ao máximo o tempo com relação ao custo-benefício na atividade financeira. Aqui, não muito diferente, aproveitar ao máximo esse mesmo tempo para fazer tudo que lhe traga satisfação e prazer na vida. Por mais que pense não estar fazendo nada, entenda que a fase de produção já passou e, agora, no privilégio do ócio criativo, há que se conquistar com sabedoria o novo. Portanto, mesmo que não se faça nada, se faz alguma coisa. Simplesmente descansar e se agarrar às aventuras da imaginação.

Neste momento, surge uma nova questão, como antes, na primeira fase – Formação –, a necessidade extrema de se encontrar o dom para a realização de uma atividade profissional no futuro. Agora, com plena condição financeira ou não, aprender a aproveitar o tempo e usufruir o benefício da qualidade de vida é a bola da vez. Uma nova aventura pelo caminho, o dom há que prevalecer para essa nova escolha prazerosa, que lhe trará benefícios inimagináveis. Dos prazeres também se colhem bons frutos. Devemos considerar os dizeres de ***Sócrates***: "*Só sei que nada sei*". Mesmo assim, arrisco alguns exemplos de que podemos descobrir e desenvolver bons costumes para saudar a arte de se fazer nada, fazendo muitas coisas:

- Viajar – Cada um de nós possui curiosidade sobre algum assunto em específico, uma vontade secundária. Por exemplo: sobre a história, geografia, natureza, enfim, uma infinidade de modalidades de prazeres por se descobrir viajando.

- Ler – Na leitura encontramos o exercício físico mental, e traz conhecimento, a chamada cultura. Chegando ao ponto da independência financeira ou não, sempre há muito a aprender. A curiosidade em resolver as indagações sobre a vida, a história das civilizações. Na geografia, os mistérios da natureza vegetal e animal. Na astronomia, o universo misterioso celestial. Uma universidade de aprendizado ao seu dispor.

- Escrever – Mergulhar no mundo infinito da sua imaginação, da curiosidade única à imensidão do universo. Há muito para se escrever, os pensamentos não têm fronteiras.

• Exercício físico – Escolha uma atividade que lhe dê prazer e que certamente contribuirá com a saúde. Somos como uma torre vertical, o fortalecimento da estrutura é fundamental.

• Pescar – Grandes empresários amam a pesca, bem provável que irá encontrar você mesmo na feição de um velho e simples pescador, feliz e realizado, sem traumas, sem estresse.

• Amigos verdadeiros trazem alegria e envaidecem o coração. Existem milhares de bares espalhados mundo afora, viva a vida descontraído.

• Filantropia – Praticar a filantropia - objetiva e subjetiva. Tema amplamente discutido no título *Filantropia*, pertinente na fase do “Bônus”.

• Enfim, muito por se fazer. Uma nova atividade lhe aguarda, esteja certo de que, além da profissão que lhe trouxe a esta condição de satisfação financeira, há muito por descobrir sobre o seu novo talento, com relação ao seu tempo. Uma variedade infinita de realizações após longos anos de trabalho é possível, basta acreditar na conquista do suficiente, estará à mercê da sua vida e de quem mais desejar.

Há que se considerar que essa situação de privilegiado é uma condição ímpar e diferenciada para usufruir. Lembre-se! Ao contrário da realidade e condição da grande população mundial, que muito sofre. Tudo contribui de maneira positiva, boa idade, menos esforço, não há que desmerecer esta oportunidade que gera satisfação e alegria: menos estresse, inventar, criar oportunidades de situações de entusiasmo, menos atritos, mais tempo livre, menos desperdício, mais tempo para estar onde pretende.

O mundo ao seu dispor. Acredite no seu sonho, este é o momento, a vida é finita, levar em consideração estes simples exemplos trará a consciência para essa realização nesse novo futuro, com tempo exclusivo para você. Não atender a esta verdade é desmerecer a própria dignidade. A pura e inevitável realidade se resume em três situações distintas e sem qualquer alternativa de apelação: nascer, viver e morrer. Nascer bem, viver bem e morrer bem, um sonho valioso, considerando as adversidades da vida, isso acaba por ser bom. Para outros, não é tão simples assim, não basta nascer, viver, morrer, vai além, a caminho da evolução espiritual. No entanto, a tentativa de trazer uma opção mais otimista. Procurar levar uma ótica de realização mais suave e colorida e menos dolorida.

Não como uma fuga do trabalho, mas uma alternativa saudável e possível. Contribuir com você mesmo, concluir com sucesso, ser feliz com margem de acerto. Fazer valer a pena esta viagem que se iniciou com o nascimento. Um privilégio desde o início, partiu de uma grande batalha, a partir de um único espermatozoide vitorioso, o aconchego de um óvulo lhe trouxe a luz para o início desta corrida chamada vida. Não acreditar nas benesses da vida, infelizmente, é como um ser cego, privado de ver a beleza da luz em um dia ensolarado. Mesmo assim, esteja certo de que um cego tem a sensibilidade real do valor da vida. Por fim, não resista a esta consequência natural e inevitável, observe o que fez e deixou para trás, presenteie-se com o tempo único e exclusivo para você. Você merece. Na dúvida, a certeza de que não haverá outra oportunidade, ela é única. Com o tempo, verá que é possível usufruir e não haverá arrependimento. Trabalhar é bom, aproveitar a vida com o mínimo de responsabilidade é melhor ainda, pode ter certeza.

Com o tempo em suas mãos, resta a independência financeira

Uma viagem para a sua liberdade, ainda lhe resta a independência financeira. Como fazer? Com o devido respeito costumeiro e a compreensão da difícil atribuição do mestre, do escritor, do professor, em ensinar, por meio de toda as maneiras possíveis e disponíveis. Sempre atento à melhor informação, preparado, procurando um meio adequado para dividir a experiência em todo campo necessário ao desenvolvimento do bem-estar do seu aluno. Não é fácil! Contudo, não acredito em fórmula especial, muito menos em modelo para se conquistar a tão sonhada independência financeira. Naturalmente, para aquele que deseja e tem esse propósito para a sua vida, de maneira incondicional com o devido preparo ou sem ele, é possível. Existem caminhos serenos, difíceis, confortáveis e impossíveis de se chegar à riqueza e almejar a independência financeira. Vejamos quatro situações distintas:

A primeira condição – *A pessoa com preparo para a independência financeira*: Aquele que almeja a riqueza e se encontra habilitado, tem formação e qualificação, está ciente das suas condições, por isso a razão do desejo. Houve um preparo antecipado para este fim, via universidade, matéria exposta no título "Ficar rico, o Dom está no Berço". Uma questão de ideal natural devido à característica favorável, considera-se preparado, sente-se habilitado, confiante, está ciente e assume o risco. A expectativa de não sofrer, simplesmente exerce a sua profissão com maestria. Assim, chega a realização financeira. Há uma necessidade extrema para a sua realização, porém, com habilidade e conhecimento para esse fim, não se leva em conta o sofrimento para atingir o objetivo final. No entanto, desenvolve sua habilidade para a prosperidade, às custas do seu segmento profissional, com trabalho e determinação, consciente da dificuldade que qualquer outro empreendimento exige.

A segunda condição – *A pessoa sem preparo para a independência financeira*: Ao contrário da situação anterior favorável. A possibilidade de se tornar um homem rico e chegar à independência financeira existe, porém não de forma natural, exige-se um esforço quase que sobrenatural para alcançar esta pretensão. Não há preparo o suficiente, não há formação, contudo, com muito trabalho, dedicação e sofrimento, acaba por conseguir a sua realização, levando-o à independência financeira. Com falta de preparo, assume todos os riscos, ao contrário do exposto no título anterior. Pode-se chegar às últimas consequências para se tornar uma pessoa rica e chegar à independência financeira, não se importa se está ou não na sua essência. Foge de longe das atribuições do dom, da qualificação natural para este fim, não há escolaridade, não há formação para esta pretensão.

A terceira condição – *A pessoa com desejo relativo para a independência financeira*: Com equilíbrio, a consciência da qualificação e capacidade, mas não tem o desejo para esta conveniência às custas do exagero excessivo e sofrimento. A certeza de priorizar a vida em primeiro lugar; no entanto, acha inconveniente ficar rico a ponto da escravidão. Sente-se habilitado, determinado, confiante, está ciente, se diferencia da segunda condição, que assume todo o risco. Aqui não assume o risco de estresse e da má saúde, a tentativa de ficar longe da unidade de tratamento intensivo e viver sempre as benesses da vida em todas as fases, é contrário à preocupação extrema e consciente do suficiente.

Há um planejamento para a sua realização, é seguro, sabe quando começa o trabalho e quando termina.

Sabe da sua capacidade e que conquistou o suficiente para as travessuras que deseja e realiza. Em primeiro lugar, nem o trabalho nem as benesses, sempre juntos. Tem consciência, sonhos, não tem pressa, não há escravidão. Somos iguais, as vontades são diferentes.

A quarta condição – *A impossibilidade total de alcançar a independência financeira*: A consciência da extrema falta de capacidade e de formação, vive à margem da possibilidade mínima, vive na pobreza.

Não há como sonhar em ficar rico e chegar à independência financeira sem a devida qualificação. Cada um nasce em um determinado lugar, neste caso, a consciência da necessidade básica de sobrevivência. A alegria não está apenas na condição de ser uma pessoa rica, mas, sim, na forma e no meio em que tudo chega. Esse meio, através do trabalho, deve ser a razão da sua conquista e o orgulho da sua existência. Por exemplo, colocar comida na mesa para sustentar sua família de maneira lícita tem o seu valor e é digno.

Aos olhos do sábio, o homem é simplesmente um homem, não há distinção de etnia e se é rico ou pobre. Ao amanhecer, se fortalece igualmente com a luz do sol, gratuitamente.

O gosto amargo da derrota

No exercício da advocacia, observava a ânsia da necessidade de crescimento rápido dos clientes e amigos. A pouca idade e a inexperiência na adversidade obscura da atividade profissional que escolheu, ainda por amadurecer, os riscos eram iminentes. Buscar recursos bancários, empréstimos particulares, sem planejamento, é suicídio comercial. A ansiedade, somada à inexperiência, contribui para equívocos e erros sucessivos, a ponto de se chegar ao caos econômico rapidamente. Um negócio, para ser bem-sucedido, exige paciência para o fortalecimento da estrutura, a sua própria convicção e o convencimento do público para o retorno satisfatório. Uma previsão de tempo para que isso ocorra é necessária e essencial para alcançar o sucesso esperado, lembre-se de que uma criança dificilmente anda antes de completar um ano de idade. Não há que se pensar simplesmente em abrir o negócio, antes disso, a questão é planejamento, amadurecimento, execução e manutenção, como uma criança exige. Com o tempo, andará sozinha e seguirá o seu caminho, assim como o seu primeiro negócio.

Um exemplo, uma leva de grandes empresários na atividade rural, homens ricos e abastados do centro-sul do País, foram em busca de quantidade de terra em outra região promissora, o Nordeste. Motivados pelas terras adquiridas a baixo custo, caravanas em direção ao suicídio financeiro, inclusive. Arrastaram-se pelas estradas, sertão afora. Todos os lugares são bons, no entanto, há que se considerar as dificuldades de adaptação, novas amizades, a cultura, o clima e, em especial, a qualidade de vida proporcionada aos familiares.

O preço pago foi alto por desconsiderar questões relevantes, diria até que por ingenuidade ou ganância. Afinal, onde estavam eram pessoas privilegiadas, social e financeiramente. Começar ou recomeçar em outras terras é possível, no entanto, neste exemplo, esses requisitos não foram considerados, não foram levados em conta. O ânimo desbravador não prevaleceu, as dificuldades lá encontradas trouxeram morte natural, talvez pelo estresse e arrependimento. O desgaste financeiro, físico e emocional, oriundo de financiamentos bancários para o desenvolvimento da atividade rural, foi uma das consequências e, assim, a desordem sucessória estabelecida. Para outros, restou a falência. A exposição desses fatos contribuiu de maneira definitiva para a decisão acertada em não aceitar proposta de trabalho, com promessas grandiosas de crescimento na atividade advocatícia. Já havia um belo começo na terra natal, não havia a necessidade de correr riscos e de recomeçar, a consciência do suficiente. Verificados todos os pontos da proposta, ainda muito jovem, uma extensão de trabalho, definimos não ser saudável, sabiamente soube recusar este pranto.

Concluímos, neste triste episódio, a necessidade de se considerar o tempo para a atividade vindoura que se manifesta positiva no aspecto financeiro, em determinada fase da vida. Com a idade, o amadurecimento traz a perspectiva de novos horizontes, no entanto, às vezes não há tempo, a consciência deve prevalecer neste entendimento. Eis o aprendizado para as realizações, as três fases da vida: formação, trabalho e bônus. Não esqueça! O tempo é senhor supremo e determinante. Enfrentá-lo e contrariá-lo é bobagem, ele continua e nós não.

A Resistência do homem rural é a salvação do Brasil

Há que se considerar positivamente o retrocesso da cultura em detrimento da independência financeira do produtor rural, ele não desiste. Nesses termos, gloriosa a resistência no campo, ele pode, ele fica, resiste, graças a isso a salvação da humanidade. Isso ocorre, normalmente, devido ao apego pela atividade. São divididos basicamente em duas categorias, o homem rural de pequeno porte, com a atividade de produção rural familiar, e o de grande porte, com as grandes produções e muita tecnologia.

O que faz do Brasil o celeiro do mundo. Às vezes, resiste à formação, à prática desde a infância, por simples satisfação da continuidade da atividade rural familiar. Não devemos julgar, é prazeroso encontrar pessoas ligadas à atividade rural. Feliz como passarinho no palheiro, o sonho é inspiração, único e faz feliz. A magia da vida está na neblina, na grama molhada pelo sereno, nas matas virgens a soprar o vento, traz a brisa no rosto logo ao amanhecer. Só quem conhece o mato, sabe o valor que ele tem. Aqui, a grande realidade não se pode calar. A felicidade é extremamente ímpar, ela é única e indivisível. A felicidade aqui, repito, está na essência da hereditariedade, daquele que construiu a duras penas e suor desde os seus antepassados.

O sucesso incontido é pleno, não tem necessidade de buscar a independência financeira lá fora, a tem de qualquer jeito no seu quintal. Imaginemos ao contrário, aquele que sofre em busca da independência financeira mundo afora. Esse do campo já é feliz naturalmente, está por completo ali. Por isso, devemos entender a personalidade de cada um, dentro da sua essência. A determinação está para qualquer situação, assim a vida se completa, não há e não deve existir um modelo em qualquer circunstância relacionado ao sucesso e muito menos imposto por uma nova ordem mundial, descaracterizando também a tradição econômica, como fizeram na educação. Cada um é feliz como deseja ser. Respeitar o dom é fundamental para o sucesso e estar onde desejar estar completa o ciclo da vida. Na cidade, precisa abrir uma geladeira para tomar o seu leite de manhã. No campo, tem a vaca, a geladeira, e busca o seu próprio leite no curral, o alimento na porta de casa.

Um trecho da música de ***Dom & Ravel***, Obrigado ao Homem do Campo, justifica o valor da tradição de ensinar ao filho a profissão do pai. Com isso, a expectativa do homem da cidade voltar os olhos a este que sofre na agricultura. Considerando a relevância positiva na atividade agropecuária a nível empresarial, a sustentação econômica do país. Estes homens são a razão da sobrevivência da espécie humana na terra, por tudo que fazem. No entanto há, muito por se fazer, a fome persiste, não é justo. Políticos de colarinhos brancos com ideais socialistas, na mesa farta arrotam caviar, enquanto para as crianças sentadas no chão falta feijão, não há sequer mesa, não há pátria, se sujeitam a toda sorte por outras terras, a imigração. No entanto, com o mesmos riscos de subversão e a permanência da miséria.

Enfim, um trecho da letra da música de ***Dom & Ravel***: Obrigado ao homem do campo... Pelo leite, o café e o pão... Deus abençoe os braços que fazem... O suado cultivo do chão... Obrigado ao homem do campo... Pela carne, o arroz e o feijão...

Como se profetizasse a ternura para todos os tempos, hoje uma situação caótica deste novo século. A letra inocente já não tem o mesmo sentido com a realidade dessas novas pretensões, devido ao estrangulamento do atual sistema. O mundo cresceu, o homem de bem está assustado, a oportunidade para a infiltração maligna do comunismo, multidões dominadas precisam comer. A produção está para a vida como o ar que respiramos. Sem referência, o homem político articula e faz manobras para a resolução do sistema globalizado fracassado, querem o domínio para alimentar a população com ração, com ideias subversivas e manipuladoras contra a liberdade do direito democrático do cidadão. Para eles, o velho sistema está superado para este novo século XXI. A população, com crescimento desenfreado, se abdica da única maneira de conscientização ao não crescimento populacional, preferem a subordinação e o controle a base da opressão. A liberdade do sistema capitalista tradicional deve prevalecer contra todas as ordens manipuladoras do novo sistema pretendido pela esquerda, para a prática e adequação até os anos 30 deste século. Não admitiremos uma democracia de fachada, livres em uma prisão. O alimento é necessário, mas a liberdade é a razão da alma. Neste título, da simplicidade da atividade rural à força expressiva, ao combate e resistência da pretensão de quererem calar o homem. Temos a produção, somos o celeiro do mundo, por isso querem nos dominar, abrir as portas. Definitivamente não, nossas propriedades são dos brasileiros. A soberania centrada na tradição do trabalho e fortalecimento da educação, o Brasil para os brasileiros. Assim, exigimos que o sucesso dependa exclusivamente da iniciativa individual de cada um de nós, brasileiros, não aos homens de toga, agindo como apátridas, e certamente não os de fora, não aos estrangeiros mal-intencionados.

Colocar em prática os seus investimentos

Agora, com prosperidade, apto à próxima fase, bônus, os investimentos devem resultar sobre os lucros da sua atividade que foi a âncora para o sucesso. Recorrer às instituições bancárias no mercado financeiro é possível. No entanto, pode não ser saudável para a sua atividade comercial, as possibilidades divergem, ou arriscar-se em um novo ramo. Há que se analisar o juro anual ofertado, pode ser bem menor que o lucro do seu investimento empresarial ou não. Nesta fase, você está no patamar privilegiado, o investimento bancário, com oportunidade de financiamento a baixo custo. Lembre-se, o banco vende dinheiro. Existe o favorecimento do banco para o homem abastado de grande potencial de investimento. Cabe e se comporta bem. No entanto, eu tenho os meus vidros cheios de bolinhas de vidro. E você! Assunto do título anterior: “Um exemplo de aprendizado financeiro na infância”. Com seu investimento em aplicação bancária, com o resultado do superávit da sua atividade, o cofre deve estar abarrotado de dinheiro ou em condição estável.

Uma questão de análise e conveniência para cada produto ofertado. Ele também precisa desovar seu produto principal, vender dinheiro. Assunto do título “Como explorar um banco”. O banco só não coloca faixa, placa de oferta a moda do comércio popular, mas exagera na publicidade de alto padrão. Afinal, a propaganda é a alma do negócio. Cautela nesta fase é essencial, a divisão dos ideias se dá justamente nesta fase, se atrever em iniciativas de risco pode comprometer seus interesses para o futuro. Novos investimentos empresariais fatalmente gerarão novas responsabilidades e compromissos. Se há o desejo de desfrutar as benesses do bônus, precaução é fundamental, cada um de nós busca as nossas realizações por prazer, se por fuga ou obrigação, reconsiderar a possibilidade de frustração. Ao mesmo tempo, considerar também o risco inesperado, o amanhã não nos pertence.

Obsessão financeira ou paixão

Há que se tomar muito cuidado com os reflexos do sonho financeiro obsessivo. A motivação para essa superação, até certo ponto, pode ser saudável. Deve-se observar atentamente os riscos e consequências desta pretensão. O que ocorre muito, às custas do excesso de expectativa, é a inobservância de cuidados para a realização desta providência, no embalo de que custe o que custar. Não pode ser assim!

Por analogia, é conhecido o objetivo da prática do esporte dos alpinistas em direção ao Monte *Everest*, na divisa do *Nepal* com o *Tibete*. Muitas vezes por pessoas sem preparo, sem conhecimento e inexperientes. Um sonho que exige planejamento por meses, até mesmo dedicação e prática por uma vida inteira, para a realização e superação do objetivo de chegar ao topo do *Everest*. O que não ocorre necessariamente. Muitos aventuram-se sem experiência e chegam à morte devido à ansiedade para a realização desta vontade. Com altitude de 8.848 metros acima do nível do mar, é fato que desde a primeira escalada, em 1953, por *Edmund Hillary* e *Tenzing Norgay,* dezenas não obtiveram êxito, ficaram no meio do caminho, antes ou depois de atingir o cume. Com a certeza do risco, dada a situação catastrófica, houve a satisfação na tentativa da realização de um sonho e, para muitos, a morada eterna também da alma. As dificuldades são inúmeras e os riscos são incalculáveis, a exigência de planejamento e concentração chega ao extremo da capacidade física, mental, emocional e psicológica. A determinação, somada a todas essas situações de planejamento e condições para se atingir este objetivo, chegar ao cume, não pode ser desprezada.

Observe, isso ocorre igualmente na tentativa da escalada ao topo da montanha financeira, como na montanha do Everest. Muitos se arriscam por entenderem que estão aptos, pensam com obsessão em chegar ao cume, subir e vencer. A busca do prazer por paixão tem seu preço, pode ser passageira e ter consequências inesperadas. Esquecem que há uma cobrança para este privilégio, chegar no topo pode custar a própria vida.

Por isso, o questionamento do título: Você tem habilidade para enriquecer? Você tem habilidade para escalar o *Everest*? No retorno, por consequência da subida, a dificuldade se agrava em dobro na descida. Os riscos são enormes, a falta de habilidade também poderá levar à morte financeira precocemente. A disposição em todo o sentido já não é a mesma, somada ao sonho da majestosa subida, o cansaço predomina, a euforia e o desejo do início já não são os mesmos. Na montanha, o ar rarefeito, a baixa temperatura fazem necrosar órgãos, muitos morrem, outros se salvam e sobrevivem, muitas vezes com sequelas que ficam para sempre. Na busca pelo sucesso financeiro, muitos chegam ao cume, outros simplesmente sobrevivem, ficam com sequelas, e alguns acabam por chegar no ataúde em direção ao exílio final, a morte, de mãos vazias, a exemplo do aprendizado tardio de *Alexandre, o Grande.* O reconhecimento de que desta vida nada levamos fisicamente, somente o que fazemos, e, assim mesmo, deixamos para a posteridade. Nada vai, tudo fica.

Um exemplo pessoal em não admitir e respeitar o limite do suficiente, em uma viagem para as montanhas das Cordilheiras dos Andes, a 100 metros do cume da montanha *Chacaltaya*, com 5.421 metros de altitude, próxima à cidade de La Paz, na Bolívia. Uma situação de risco iminente ao não aceitar o suficiente, estar próximo do limite e, apesar de orientado pelo guia experiente da dificuldade de se concluir o trajeto final, não me conformei por estar tão próximo do topo. A obsessão falou mais alto, na tentativa, fui cometido pelo mal da montanha, o ar rarefeito trouxe problema, prevaleceu a sorte de atendimento médico em tempo. Assim, os riscos em busca do sucesso financeiro podem trazer consequências inesperadas, o preço da paixão.

Mas nem tudo se resume em tragédia, a tentativa de se buscar a riqueza e desfrutar dos prazeres é possível, com os cuidados e atenção aos questionamentos deste livro. Requer cuidado, planejamento, preparo, um ponto de equilíbrio ao seu objetivo. Observar atentamente a possibilidade de se chegar com suficiência no cume. O cuidado persiste em não se deixar escorregar pelo caminho ou tropeçar em alguma pedra solta da montanha. Lembre-se! Nas alturas o ar é rarefeito, contribui negativamente, pode perturbar a sua consciência e levar à morte. Na obsessão financeira, além do suficiente, há riscos e pode antecipar a escalada, não para o topo, mas para a falência antes do tempo.

Não seja avarento

Não seja avarento, viva intensamente, amealhar coisas por cem anos não se justifica. Agradeça pelo que você tem. Como saber onde está o sucesso nas três fases da vida? Entre as atribuições, está a escolha, acordamos diariamente escolhendo. Com isso, encontrar a liberdade para a realização de se viver com intensidade, em especial a última. Chegar com tranquilidade econômica para poder desfrutar o merecido bônus é justo, mas privar-se da divindade conquistada não é certo.

Na conquista do sucesso financeiro, no mínimo da consciência do suficiente, não seja sovino. Nesta vida, todos somos marinheiros de primeira viagem, alguns de nós com um pouco mais de "sorte" entre milhões de pessoas. Afinal, está lendo este livro neste momento. Esse é o nosso tempo, por isso, viva intensamente com cuidado. A vida é curta, faça sua escolha com zelo. Se a vida é mesmo definitiva, o que há de melhor nela? A resposta para esta pergunta esclarecedora é a bela história do filme e fato real, que aconteceu na Índia, ***The Sky is Pink*** (*O céu é Rosa*), de 2019. A filha adolescente *Aisha Chaudhary*, de um jovem casal de 25 anos, acometida por uma doença terminal, com sacrifício extremo dos pais, chegou ao limite da vida aos 18 anos, agradeceu por isso e viveu intensamente. Outras situações de longa vida nos mostram com clareza a divindade e a razão da oferta generosa do patrimônio e das coisas. Não saber retribuir, no mínimo, não é generoso consigo mesmo, o risco da cobrança da lei do retorno paga-se com a perda da saúde, o estresse, o risco da vida, o amanhã não nos pertence. Vejamos um trecho da parábola bíblica do avarento insensato: "A terra de certo homem rico produziu muito. Ele pensou consigo mesmo: O que vou fazer? Não tenho onde armazenar minha colheita. Então disse: Já sei o que fazer. Vou derrubar os meus celeiros e construir outros maiores, e ali guardarei toda a minha safra e todos os meus bens. E direi a mim mesmo: Você tem grande quantidade de bens armazenados para muitos anos. Descanse, coma, beba e alegre-se. Contudo, Deus lhe disse: Insensato! Esta mesma noite sua vida será exigida" (*Lucas 12:16-21*).

Essa é a prova absoluta de que não é o tempo que se vive, o que se tem tampouco importa, mas, sim, a intensidade e a magnanimidade deixadas para a posteridade, a verdade, a sua história. Entre dezenas, talvez centenas ou milhares de pessoas que foram agraciadas pela vida por pouco tempo, que muito tinham, deixaram para trás a beleza da sua existência, o maior exemplo: a divindade de Deus, o nascimento de Jesus Cristo, que viveu por 33 anos, filho da virgem Maria, do pai marceneiro José. Assim, pode-se dizer que existem mais mistérios entre o céu e a terra do que sonha a nossa vã filosofia.

Como marinheiros de primeira e única viagem, saibamos que:

– Com escolha, teremos verdadeiros amigos, a viagem continua.

– Com escolha, teremos alguém que, somado pela união, os filhos, a viagem continua.

– Com escolha, objetividade, se cercar de tudo que é positivo, as boas vibrações, os bons pensamentos lhe darão toda fartura que desejar, a viagem continua.

– Sem escolha, existe interrupção na caminhada de quem está ao nosso lado, nossos pais. Mesmo assim, a viagem continua.

– Sem escolha, temos irmãos que preencherão o espaço ao nosso lado nessa viagem, em substituição aos que partiram. Mesmo assim, a viagem continua.

– Sem escolha, um dia o nosso fim chegará, no entanto, com a consciência de todas as realizações, a viagem continua.

– Me fortaleço sabendo que os nossos frutos, os filhos dos filhos, permanecerão na viagem ao seu tempo e, como os pássaros, disseminarão as boas sementes. Assim, a certeza dos benefícios da fartura, generosidade também em causa própria e a sucessão aos nossos descendentes, sem obsessão em acumular excessivamente riqueza. As luzes se apagam.

A dificuldade no desapego material

É um grande erro resistir ao desapego material ou mesmo deixar de partilhar a administração empresarial, tendo em vista que nós partimos, os bens materiais e a empresa não. Atribuo isso à dificuldade de compartilhar as responsabilidades, dividir o que se faz. Essa divisão é essencial para não sobrecarregar, e um aprendizado necessário desde o início de qualquer atividade. No momento oportuno do desligamento da empresa, o que ocorrerá certamente, o impacto será menor. O trabalho incessante gera ansiedade e, por consequência, estresse, que, por sua vez, desencadeia doenças indesejadas. No entanto, a resistência no desligamento do negócio empresarial, combinada com a ânsia do ter, mesmo com a idade avançada, ciente da realização financeira, a obsessão predomina além do necessário e o suficiente. Desrespeita o limite da própria natureza humana. Mesmo com as conquistas pessoais, o fruto financeiro de anos de trabalho realizado, falta-lhe a consciência do momento de parar. O risco de não ter para onde correr é grande. Concentrado no zelo e na administração de seus negócios, se vê frustrado no caminho que percorreu e a vida se resumir apenas em trabalho. A expectativa e a esperança na contribuição dos filhos na administração dos negócios às vezes é frustrada. O filho, em busca da sua realização pessoal e de seus ideais, demonstra desinteresse em dar seguimento à tradição. Sem saída, sem saber para onde ir, o pai agoniza.

A dificuldade no desapego do trabalho incessante, às vezes cansado ou desacreditado com o caminho que escolheu. Mesmo com o avançar da idade, a resistência se dá até os últimos dias de luz, não se sabe até quando. Permanece na indiferença ao descanso merecido e às vezes com a saúde comprometida.

Com isso, a necessidade, a expectativa de externar e dividir a mudança de pensamento com relação à vida *versus* trabalho. Torná-la mais suave e digna, fazer de maneira simples valer a pena, independentemente do poder aquisitivo alcançado. Procurando dentro das suas próprias condições financeiras a estabilidade emocional para conseguir decidir com objetividade, dar um basta aos anos de trabalho. O erro no excesso, sem as devidas precauções, o trabalho até as últimas consequências não é bom. Com isso, não podemos nos esquecer de que temos tempo de validade. Ao contrário das dificuldades no apego excessivo, atribuo como atitude de acerto o desprendimento que traz satisfação, alegria e conforto, de maneira que colherá, ao longo dos anos, bons frutos. A consciência do suficiente deve prevalecer para a prática acertada do bônus merecido.

O trabalho excessivo, até a exaustão, em muitos casos acaba por trazer a dúvida sobre o que se fez ao longo dos anos foi o correto. Se houver a oportunidade e o entendimento de gozar os prazeres da vida em tempo, no mínimo seria justo a chance deste presente a si mesmo.

A exemplo da história do norte-americano arquimilionário, ***John Davison Rockefeller*** (1839-1937), de família humilde, religioso, considerado o homem mais rico da história, aos 33 anos de idade acumulou seu primeiro milhão de dólares. Aos 43 anos havia construído o maior monopólio do mundo, como proprietário fundador da *Standard Oil Company*, em 1870. Às custas do seu objetivo financeiro, trabalho exaustivo, preocupações, insônia, não tinha tempo para nada, a não ser ganhar dinheiro. Próximo dos seus 53 anos, estava velho, dizem, com aspecto de uma múmia e saúde comprometida. Além de milhões, também conquistou o ódio no mundo. Inconformado, porém em tempo, se redimiu, conscientizou-se dos seus excessos e da fortuna que adquiriu além do suficiente. Com orientação médica, passou a praticar golfe e despertou o interesse pela jardinagem, um talento secundário. Criou a fundação internacional, *Rockefeller Foundation*, com o objetivo de combater as enfermidades e a ignorância no mundo. Fez doações aos pioneiros estudiosos da medicina mundo afora. Com isso, contribuiu para a descoberta dos benefícios da penicilina, curando a meningite, contribuiu com o progresso nos estudos sobre os efeitos da malária, da tuberculose e muitos outros que trazem benefícios até os dias de hoje para a humanidade. Em 1884, financiou em Atlanta a universidade de Spelman, para as mulheres negras. Socorreu uma escola falida, com milhões de dólares, que é hoje a famosa Universidade de Chicago. Assim, dezenas de feitos em benefício da saúde no mundo. Diz ***Allan Nevis***: "*Rockefeller* sentia-se feliz. Mudara tanto que já não se preocupava mais com coisa alguma". Demorou tempo para que aprendesse a vencer as preocupações e superar a obstinação por dinheiro, a ponto de não se importar com mais nada, talvez a consciência do dever cumprido. Passou a agir de maneira serena e cordial. Encontrou dezenas de objetivos após um momento crítico de saúde. Com a sua fortuna, trouxe alegria e felicidade para o mundo inteiro. A nossa compreensão neste exemplo, a simples consciência de que necessitamos de pouco, nada mais do que o suficiente. Enfim, não fosse a mudança de seus objetivos, teria *John D. Rockefeller* vivido até seus 97 anos?

O planejamento e a objetividade com relação aos propósitos de onde se pretende chegar são fundamentais para uma vida longa. Não há que se esquecer que existem limites condicionais e desdobramentos inesperados no decorrer da vida. Por isso, a inteligência racional deve prevalecer antecipadamente ao pior. Programar-se sem ansiedade desde o início, com relação aos propósitos e ao futuro que se pretende. Estar consciente de que tudo vem ao seu tempo e nas devidas fases da vida: a formação, o trabalho e a necessidade de desfrutar os prazeres, que atribuo à fase ímpar e derradeira do bônus.

Logan Pearsall Smith (1865-1946), em suas palavras, resumidamente, manifesta a luz da convicção de que poucos admitem a sua realização de planejamento para uma vida ordenada e feliz. Com isso, me fortaleço no desdobramento pela experiência e principalmente pelo ideal consciente e não filosófico. Muitos consideraram ser uma decisão surreal deixar o exercício da advocacia para viver, ainda mais e de maneira intensa, a essência da vida. Assim, reforço a minha convicção do desapego material, baseado na insistência e sustentação da teoria do suficiente, com as palavras de ***Logan***:

"Há duas coisas a que se aspirar nesta vida: primeiro, o que se deseja; depois, desfrutar o que se conseguiu. Somente os homens mais sábios da humanidade realizaram a segunda dessas coisas."

Com respeito ao crítico britânico, escritor, nascido nos Estados Unidos do século XIX, no sentido de fortalecer sua escrita e juntos contribuir para a conscientização e valorização da vida. Acrescento ao seu entendimento as palavras "de maneira suficiente", dentro das condições e necessidades, associadas à realidade de cada um – desfrutar o que se conseguiu dignamente, às custas de seu trabalho. Nesse sentido, reforço a frase:

"Há duas coisas a que se aspirar nesta vida: primeiro, o que se deseja (de maneira suficiente); para, depois, desfrutar o que se conseguiu. Somente os homens mais sábios da humanidade realizaram a segunda dessas coisas."

O suficiente é o grande obstáculo de reconhecimento natural do homem, com relação ao tempo que se vive, e saber distinguir o quanto é necessário para se viver bem. As pessoas não conseguem deixar de trabalhar devido à ganância. Chegam ao excesso sem necessidade, desconsideram que é possível produzir respeitando a sua natureza, tranquilidade e limites. Exceto os profissionais por excelência, normalmente voltados para a arte e a música, que fazem da essência da alma a razão de viver e, normalmente, observem, vivem muito. Assunto do título "Idade Física".

Outro exemplo prático, um fato ocorrido no exercício da advocacia, que infelizmente não teve a mesma sorte de *Rockefeller*. Outrossim, a leitura deste texto por todos os empresários do mundo. Um amigo, um cliente, um milionário ***S.N.***, grande empresário a nível nacional, pôs a vida a perder aos 55 anos de idade, por descaso e sob a égide de estar no caminho certo, sem precedentes.

Em meados da década de 2010, às vésperas do natal, uma conversa, literalmente, às vésperas da morte. O descaso nos cuidados da saúde, o exagero no trabalho empresarial, Brasil afora, não restou êxito. Após o almoço, a caminho do aeroporto, na condução do amigo ***S.N.***, a última conversa, vista aos olhos do assunto deste livro. O excesso no trabalho além do necessário e do suficiente. Na resposta, a mesma alegação de sempre, gostar do que se faz, conquistar divisas e ganhar dinheiro. E ainda pediu que eu não me preocupasse. Afinal, nos finais de semana, jogava tênis com o cunhado médico em sua casa. Cuidava-se. A verdade se confirmou no mesmo final de semana, na quadra de tênis, um infarto fulminante levou a vida. Milhões ficaram à mercê da sucessão para a digníssima esposa, não tinham filhos. Passado exato um ano, a viúva contraiu novas núpcias, naturalmente, a vida que segue. Não há nada de incorreto nisso. No entanto, os cuidados devem ser inerentes, na proporção das nossas pretensões, e muito bem observados, o preço pode ser alto.

No caso deste exemplo, são certas as linhas traçadas por Deus, seus desígnios e seus mistérios. Eis a questão da nossa fé. No entanto, devemos contribuir minimamente com os cuidados necessários, à nossa disposição e em nosso favor. A vida é breve, precisamos de pouco para viver, infelizmente, difícil é a compreensão. Quanto vale a sua vida?

"A vida é uma viagem sem volta".

A receita do bolo com alguns ingredientes

Mesmo não acreditando em receitas e fórmulas para se chegar ao sucesso financeiro, acredito, sim, na boa educação e escolaridade, sempre orientados pelos pais. No entanto, a razão na qual acredito e me proporcionou o suficiente financeiro para a minha realização e pretensão. Sem preocupação e obsessão exaustiva, por consequência natural do trabalho, na belíssima profissão do direto, a quem se dispõe dignamente a causa árdua de ajuda ao próximo. Um enfermo à procura do remédio jurídico, se devidamente adequado a sua necessidade, o julgamento deve ser digno e justo pelo homem da lei. Vejamos os ingredientes do "bolo" e dois segredos, resultantes da reflexão:

- O rigor da educação na infância trouxe equilíbrio e segurança. Rigor que, atualmente, está condenado e sepultado pelas diretrizes pedagógicas e pela sociedade avessa aos princípios apregoados na educação tradicional. O que agradeço aos meus queridos avós paternos e maternos;

- A escolaridade, sempre buscando as melhores escolas, na base do velho bordão "o que eu não tive, meu filho terá", o que agradeço eternamente aos meus pais;

- Na ocasião da livre escolha de uma profissão, a duras penas, o privilégio do caminho via universidade, o direito;

- Ame a sua profissão. No exercício da advocacia foi impossível amar tudo, inclusive a repulsa do sistema deteriorado pela corrupção;

- O planejamento é um parceiro inseparável, das bolinhas de vidro aos meus pequenos bancos, sem obsessão pelo dinheiro. Deu certo;

- Fazer orçamento é bom, nas vitrines mais bonitas nem sempre estão os melhores sapatos;

- Escolher as pessoas certas para trabalhar ao

seu lado é difícil, preste atenção, não se iluda, não misture amizade, considere a capacidade;

• Dinheiro não aguenta desaforo, não gaste o que não tem;

• Banco, financiamento zero. Evite, salvo com muito planejamento e com a certeza da restituição;

• Lembre-se! Explorar um banco tem o momento certo, eles vendem dinheiro;

• Diversifique investimento, manter os ovos em uma única cesta pode deixar você em apuros;

• Para novos investimentos, conheça o mercado e olhe sempre para o vizinho;

• Não economize, você ganha, gasta e guarda um pouco, o amanhã poderá não existir;

• O *primeiro segredo* – Esse vale o preço de muitos livros ou de uma edição inteira. Se aproveitar ao menos um título deste livro em seu benefício, presenteie seus amigos. Viva intensamente a vida em todos os seus momentos, independentemente de ter sido agraciado com a riqueza ou com a independência financeira, com certeza você é um privilegiado em dobro por estar vivo, muitos amigos seus partiram. Arregace as mangas e simplesmente trabalhe com planejamento. Se houver sofrimento para alcançar seus objetivos, há que se pensar duas vezes. A ascensão deve ser natural, não sofra para isso, busque atentamente os seus propósitos, respeite sua capacidade e seus limites, exagerar pode lhe trazer resultados inesperados.

- O *segundo segredo* – Não se assuste – a noite foi a razão que impulsionou a minha atividade profissional, meu legado, o relacionamento social pode ser o pilar do sucesso, salvo a natureza e o respeito à individualidade de cada um. Na noite, o alimento para a alma, essencial para a disposição no trabalho árduo do dia seguinte. Nos prazeres da vida noturna, conviver entre seus mistérios e as criaturas noturnas contribuiu, trouxe a experiência para a satisfação da vida normal. Ah! Trouxe a normalidade para a vida insana, as dificuldades inerentes ao cotidiano, o trabalho e as responsabilidades. Porém, o seguimento natural da vida há que se respeitar, afinal, até as frutas amadurecem no seu tempo. Contudo, viva a vida, ou ficará na ilusão, no silêncio, no meio do caminho na escuridão, sem realização, sem dizer ao mundo porque veio, não é justo.

Para o sucesso profissional, priorize o que lhe dá plena satisfação de realização, independentemente do dinheiro. Assim, por força do seu trabalho, o sucesso, a satisfação virão naturalmente. Seja altivo, acredite em você, não mande recado, fale o que pensa com o devido respeito. Por isso, a grandiosidade no exemplo de ***Alexandre, o Grande***. Às portas de sua morte, convocou seus generais e fez seus três últimos pedidos, os quais foram realizados. Vejamos:

1. Que seu ataúde fosse levado aos ombros e transportado pelos melhores médicos do reino.

2. Que os tesouros que tinha conquistado, "prata, ouro e pedras preciosas", fossem espalhados pelo caminho até sua tumba.

3. Que suas mãos ficassem balançando no ar, fora do ataúde e à vista de todos.

Um de seus generais, assombrado por tão insólitos desejos, perguntou a ***Alexandre***: por que razão pretende que assim se faça? ***Alexandre*** explicou:

1. Quero que os mais eminentes médicos carreguem o meu ataúde para que percebam que perante a morte não têm o poder de curar.

2. Quero que o solo seja coberto pelos meus tesouros para que todos possam ver que os bens materiais aqui conquistados, aqui permanecem.

3. Quero que minhas mãos se balancem ao vento para que as pessoas possam ver que viemos com as mãos vazias e com as mãos vazias partimos.

Alexandre – um personagem, dois belos exemplos que trazem fundamento e suporte para essa exposição.

Um exemplo clássico da história demonstra em dois sentidos a nossa filosofia: o **Primeiro**, no despertar dos estudos na infância, por motivação de ***Aristóteles***, que lhe ensinou retórica e literatura por consequência desse incentivo, o interesse pela ciência, medicina e filosofia. O que demonstra que a educação e a boa escolaridade na infância fazem homens fortes e determinados no futuro. Adquirem personalidade, segurança e autoconfiança. No amanhã, a certeza de se chegar aonde deseja. Acredita na supremacia da sua inteligência emocional, não se importa com o que pensam, a ponto de ficar a seu critério o crescimento financeiro ou não. Se desejar, conscientemente cuidará da roça, a altivez não está no dinheiro e sim na segurança da sua personalidade. Com isso, entendam, quando se diz chegar aonde pretende, pode-se chegar a lugar algum. A convicção e a autoconfiança lhe dão a verdadeira independência. Para ele, não importa, não faz diferença, se chegou ou não à independência financeira. No exemplo, ***Alexandre*** conscientizou-se, às vésperas da morte, de que nada adiantaram os seus tesouros. Por isso, em tese, venho em defesa do suficiente financeiro. O **Segundo** exemplo: o desapego do bem material, exposto no título "A dificuldade do desapego material". Mesmo tarde, às vésperas da sua morte, a consciência lhe trouxe a razão de que as riquezas não lhe trariam a vida. Demonstrado nas ruas, nas passarelas do desfile final, no ataúde, seus tesouros jogados ao chão.

O pensamento do homem, naturalmente, deve ser voltado ao crescimento, é justa e necessária a sua sobrevivência com qualidade. O objetivo de onde se quer chegar, há que considerar as intempéries da vida. Crescer sim. O risco de ficar no meio do caminho é inevitável. Por isso, a filosofia de vida, planejada desde sempre com alegria de se viver o presente, com um olhar sutil para o futuro, deu certo. Nesse sentido, insisto: em primeiro lugar, nem o trabalho, nem as benesses da vida na frente, mas sempre juntos. O resto, o êxito é consequência. Absolutamente, não dar de ombro para a responsabilidade do trabalho que gera riqueza. Mas não se esqueça de viver bem. Lembre--se! A vida é boa, passageira e finita. A compreensão de grandes fortunas foge à razão por consequência de tão pouco tempo aos prazeres da vida. Pense bem! Considere que não há fortuna sem obsessão e desgaste. Com isso, se o desejo por riqueza for de forma condicional, cuide-se! Saiba diferenciar entre o amor verdadeiro e duradouro, que se constrói aos poucos, e a paixão passageira que, como um vendaval, arrasa muito em pouco tempo. A dimensão do suficiente não pode ficar ao avesso de suas pretensões, é melhor um pássaro na mão do que dois voando. Muitos exemplos de pessoas com ânsia de fortuna, sem as devidas qualificações, chegaram ao caos. Às vezes, com muita idade para recomeçar, somado à pouca idade para viver, achar um meio-termo fica difícil.

A obsessão pela riqueza levou ***Alexandre, o Grande***, em seus últimos momentos, à conscientização. Por isso, a cautela e compreensão de onde se quer chegar, o tempo perdido dificilmente se recupera. Os ideais de hoje certamente não serão os mesmos do amanhã, sem saber para onde correr, o risco da incompreensão do que fez no passado faz padecer no futuro e restar o sentimento de não ter valido a pena, tropeço financeiro faz pensar assim.

"Porque nada trouxemos para este mundo, e manifesto é que nada podemos levar dele."

(1 Timóteo 6:7)

Atos Heróicos

Entre "erros" e acertos de profissionais que encontraram o verdadeiro caminho para a sua atividade profissional, acreditando no seu verdadeiro dom, superando as pressões, dificuldades e desafios. Mesmo com as intervenções contrárias a sua vontade, chegaram ao êxito, à realização profissional, por consequência, à satisfação e orgulho pessoal. Com isso, o benefício para a sociedade e qualidade nos serviços prestados. E, ainda, o respeito às exceções de bravos profissionais de todos os tempos, gênios, pensadores dispostos a defender seus ideais, que sofreram resistências, enfrentaram obstáculos em sua trajetória. Às custas disso, alguns pagaram com a própria vida por enxergarem longe demais para a sua época. *(não havia revista em quadrinhos, muito menos ficção cientifica com super-heróis lutando em defesa da sociedade por justiça.)* Mesmo assim, deixaram benefícios sacramentados para a eternidade humana. A excelência do conhecimento, iluminados e privilegiados pelo Dom divino. Alguns exemplos de bravos e heroicos que desafiaram a lógica equivocada do seu tempo, em favor do esclarecimento e da verdade, que trouxeram benefícios e aprendizado para a humanidade, até os tempos atuais: ***Aristóteles,*** filósofo nascido em Estagira, Grécia, 384 a.C., ***Joana d'Arc***, nascida em Domrémy, França (1412-1431), camponesa francesa, foi condenada por heresia e bruxaria. Hoje é considerada uma santa e heroína pela Igreja Católica, por bravura durante a Guerra dos Cem Anos entre a França e a Inglaterra. ***Nicolau Copérnico***, nascido em Torún, Polônia (1473-1543), na Polônia, estudioso incansável, astrônomo e matemático, que desenvolveu a teoria heliocêntrica do sistema solar, o Sol no centro do sistema solar, e não a Terra. Na época um sacrilégio, foi chamado de louco. ***Galileu Galilei***, nascido em Pisa, na Itália (1564-1642), a genialidade do conhecimento em pessoa. Pretendendo o monastério, foi influenciado pelo pai, que o inscreveu para a medicina. Após dois anos, insatisfeito, foi em busca da sua vocação, de seus dons: físico, cientista, astrônomo, filósofo e matemático.

Quem me trouxe inspiração, brasileiros visionários dos séculos XX e XXI, conhecedores e talentosos como: ***Alberto Santos Dumont***, de Palmira/MG, (1873-1932), pequeno de estatura, grandioso na criação, como um falcão-peregrino, uma ave de rapina capaz de atingir 320 quilômetros por hora, inventou a velocidade nas alturas. Autodidata, o pai da aviação. No entanto, nem mesmo o brilho da genialidade de suas invenções evitou o suicídio. Há rumores de que não suportou o destino indesejável da sua maior invenção, o avião se tornara instrumento de guerra.

Ayrton Senna da Silva, de São Paulo/SP, (1960-1994), a simplicidade em pessoa, como mecânico chegou a piloto de Fórmula 1, como um guepardo no chão, a velocidade em terra firme, normalmente aos domingos, dia de prova, ao som do hino nacional, em seguida a música que se tonaria um símbolo, que despertava o patriotismo em toda a nação. Na última volta, na volta da vitória, com a bandeira brasileira em punho, que tremulava pelos ares de todas as nações. Com a sua morte restou a tristeza não só do automobilismo, mas do mundo inteiro. Através do esporte, despertava o patriotismo. Porém, na última volta no circuito de Imola, na Itália, sua viagem chegou ao fim. Obrigado, Ayrton!

Oscar Ribeiro Niemeyer, do Rio de Janeiro/RJ, (1907-2012), ícone da arquitetura moderna, como se inspirasse em ambos. Nos seus projetos, a criatividade nas linhas invertidas e suspensas em todos os templos, em qualquer espaço, a velocidade nem no ar, muito menos na terra, mas na genialidade da sua imaginação. Suas obras parecem flutuar.

Em cada um de nós, a gratidão pelos seus, pelos meus heróis; a reflexão leva o pensamento a quem deixou saudades com o tempo. Não dos heróis das revistas de quadrinhos, mas dos verdadeiros que estiveram entre nós. A eles, a sua, a minha, a nossa reverência. No início da fase do trabalho, com a educação tradicional, surgiu a gratidão aos heróis que cruzaram o caminho e contribuíram por reflexo, na minha cidade, na minha vida, com os benefícios da sabedoria***, in memoriam,*** entre eles:

Dr. Cyrio Falcão, (1930-2013) - trouxe como escudo nos caminhos de sua vida a compreensão. Foi um magistrado digno nas comarcas do interior; não bastasse, a *posteriori,* na capital, exerceu a advocacia gratuita aos necessitados; trouxe, à luz da verdade, a compreensão do incompreendido por todos, até sua morte.

Pe. Arlindo Pereira de Lima, (1942-2021) - além do sacerdócio por 47 anos, professor. No colégio, manteve-se ativo em todas as atividades, desde reger uma banda até coordenar as atividades esportivas. Nunca deixou por menos a satisfação de brindar a sua alegria com os amigos, amou a vida como poucos.

Dr. Ademar Mombrum de Carvalho Filho, (1938/2014) - advogado aguerrido com a educação e a ética. No ensinamento do Direito, severo; no entanto, a sensibilidade do sorriso fácil não dispensava.

Aos contemporâneos, o reconhecimento dos heróis anonimamente, como flores em vida, não menos visionários que os do passado. No presente, com galhardia, demonstram com seus atos heroicos a realização de plenitude ao seu gosto e no seu tempo em vida:

Quem se mantém no trabalho "árduo" diariamente: ***I. N. R.***, (1962) – Porto Seguro/Bahia – Na luz do dia, vendedor de coco. Com inteligência aguçada, vive com alegria contagiante, na recepção dos turistas a beira-mar, como se fosse o verdadeiro embaixador da cidade. Desde menino, de pé na areia, não se imagina em outro lugar. À noite, na luz da Lua, o descanso merecido com a família, na varanda a brisa do mar. Diz: ***"eu valorizo a minha da vida, a minha alegria é permanente, nasci e cresci no litoral do Sul da Bahia, tenho a consciência do suficiente e a minha felicidade é plena".***

Quem se mantém no trabalho com glamour: ***L. G. S.,*** (1971) – Genebra/Suíça – Aos 25 anos de idade, diploma na mão, inglês fluente, privilegiada na boa educação tradicional; em uma viagem a passeio para a Europa, com altivez, confiança e atrevimento, enviou o seu currículo para a Christie's, a maior e considerada casa de leilões de artes do mundo, em Paris, na França. Foi aceita, desempenhou o seu trabalho com a graciosidade e leveza das telas de Da Vinci, expostas no Museu do Louvre. Hoje, vive em Genebra, com a sociedade aristocrática, nos privilégios do mundo não mais das artes como antes, agora envolvida com o prêmio Nobel de física. Diz: ***"Meu trabalho é prazeroso, tenho no dia a dia o sentimento de obrigação cumprida e gratidão pelos benefícios que a vida me ofereceu. Por isso, a expectativa da moradia no litoral brasileiro e a proximidade com a filantropia"***.

Quem se mantém no trabalho pelo dom supremo: ***M. S. C.,*** (1965) - Campo Grande, Mato Grosso do Sul - médico, no passado a escolha foi objetiva, com dedicação e muito trabalho, trouxe o reconhecimento da sua especialidade na sociedade. Hoje, traz, como escudo nos caminhos de sua vida, o amor pela profissão, que salva vidas. Admite que, com boa saúde, manterá o exercício da medicina por todos os tempos, mesclado também com os benefícios e satisfação do bônus, porém, com o jaleco na mão. Diz: ***"O que define a minha trajetória profissional são os princípios e valores que herdei dos meus pais. A eles devoto toda a luz que irradio ao exercer a medicina: respeito ao próximo e à natureza; humildade e ética na prática diária; compromisso e responsabilidade com o que é coletivo"***.

Não menos importante, dezenas de pessoas da cidade ou do campo rural e todos os lugares, a exemplo de um Pantaneiro que ama a pecuária, trabalha com dificuldade a lida do gado, na região das águas, com cobertura vegetal nativa, entre rios, igarapés, lagos e a mata ciliar, como se protegesse a saúde das águas. Talvez o pantaneiro, impossibilitado de estudar, devido ao lugar onde nasceu ou mesmo o destino. A paixão por sua atividade não o tiraria jamais da sua localidade, mais fácil arrear um burro xucro do que tirar um pantaneiro da região onde labuta com o gado. O amor, a resistência física, a sabedoria do perigo das águas não podem ser subestimados, valorizam e enobrecem. Não se importa de não ser o patrão, nem tampouco o veterinário, ele ama o que faz, tem tanto quanto o patrão e o conhecimento do veterinário. Não tem o gado, muito menos o diploma, mas tem tudo à mercê, à sua essência. Nela, as lembranças dos heróis da infância, não os das revistas em quadrinhos, faz dele mesmo um verdadeiro herói. Este, o pantaneiro, a exemplo de milhares de profissionais anônimos de todas as profissões, que trabalham incessantemente até seus últimos dias pelos seus ideais e bem-estar da humanidade, exercem com primor a essência de seu dom.

"A vida é agora, não desista
dos seus sonhos".

TERCEIRA FASE
BÔNUS

Introdução

Cada fase ao seu tempo. A formação ficou para trás, o trabalho foi realizado e ambos servem como degraus ascendentes para desenvolver e realizar o sonho de viver a essência no futuro. Com isso, as cortinas do exercício da profissão se fecham, sob nova administração; ou, se não for possível, desacelerar, de chinelo no pé, porém com elegância. Jamais esquecer situações diretas ou indiretas, de maneira negativa ou positiva, que contribuíram para o aprendizado.

Fase de inovação e de realizar novos sonhos. Oportunidade única, sem objeções negativas impostas pela sociedade, que vê o mérito e o prazer de se viver bem de maneira equivocada. Na insegurança, optam pelo trabalhar até a exaustão. Momento das realizações e coragem para decidir viver a essência natural, sem traumas. Viver um plano secundário incondicionalmente. Plano este avesso ao modelo estabelecido pela sociedade, que é temerosa, acostumada à tradição arcaica e secular. A repressão inconsciente à liberdade da vida plena, ignoram e desmerecem o ócio criativo do bem-estar, como se viver livre fosse um crime, aos olhos dos fadigados. Ao contrário, viver é uma arte, poucos sabem e arriscam a esse mister. Momento ímpar, desfrutar sem traumas os benefícios que a vida generosamente nos oferece a cada amanhecer, a luz do sol. A natureza em toda sua plenitude, a magia à mercê de todos, no doce crepúsculo perder-se nas sensações que só a noite pode revelar, é justo.

Neste momento, ouvirá questionamentos sobre a sua decisão firme e acertada, a liberdade pretendida, rumo ao bônus. Você, convicto da vida a ser vivida, objeções indesejadas surgirão! A decisão traz a surpresa e o questionamento de amigos incrédulos e céticos. A notícia avassaladora e perguntas de toda natureza, como se um apocalipse estivesse previsto: por que vai deixar sua profissão? Está louco? Ganhou na loteria? Está rico? Você tem pouca idade para deixar de trabalhar, ainda é muito cedo! Tem muito tempo ainda para trabalhar. O espanto e a curiosidade alheia devem energizar e a sensação de ter tomado a decisão certa deve fortalecer a realização do que planejou no passado ou não. Não entendem, querem oprimir, a opção não é exclusivamente deixar de trabalhar, é, sim, viver os benefícios de um plano idealizado, secundário, um plano "B". Com a consciência de que o ônus para o bônus foi planejado minimamente na fase do trabalho.

Acentua o filósofo ***Voltaire*** (1694-1778): "Adoremos a Deus sem desejar mergulhar na obscuridade de seus mistérios (...) Que seria um homem que não age mais e que fica apenas se contemplando? Não somente digo que este homem é um imbecil, inútil à sociedade, mas digo que este homem não pode existir, pois o que contemplaria? Seu corpo? Seus pés? Suas mãos? Seus cinco sentidos? Seria um idiota, ou usaria tudo isso (...) O homem nasceu para a ação, como o fogo tende para cima e a pedra para baixo. Para o homem não estar ocupado é o mesmo que não existir. Toda diferença consiste nas ocupações, que podem ser doces ou tumultuosas, úteis ou perigosas (...) Em vez de nos espantarmos e de nos queixarmos da infelicidade e da brevidade da vida, devemos nos surpreender e nos felicitar com a nossa felicidade e com a sua duração. Raciocinando como filósofo ouso dizer que há orgulho e temeridade em pretender que, por nossa natureza, devemos ser melhores do que somos".

Com esse conceito, fortalece o pensamento de que o tempo voa e a vida passa como um relâmpago. Nesta fase, Bônus, há muita magia por vir. Dois terços de vida, com relação à idade média do brasileiro, ficaram para trás. O pensamento nos remete a momentos distantes no passado, que somente graças ao poder da nossa mente podemos reviver desde onde começamos e onde chegamos. Nos deparamos com as nossas realizações de sucesso profissional ou fracasso. A qualidade de vida que obtivemos ou não, a família que constituímos ou não, os amigos que mantivemos ou se dispersaram. Não interessa, o momento é agora, o passado é passado, o futuro que nos resta é o que importa e nada mais.

Se você ficar vulnerável nesta nova escolha, no momento decisivo, a incerteza tomará conta da sua existência pragmática e das regras estabelecidas pela sociedade de maneira unânime. Não se esqueça! Agindo, você estará sendo uma exceção, em determinado momento, poderá surgir a dúvida. Sem saber para onde correr, alternativas divagarão no universo da sua imaginação, a convicção deve prevalecer a seu favor, flores em vida, com excelência à sua espera, mantenha-se firme e verá.

Vida profissional realizada, se há luz no fim do túnel com projetos mirabolantes e incertos, esqueça. Melhor não arriscar, amanhã poderá ser tarde, o tempo não para, você poderá ficar para trás. As luzes se apagarão sem avisar, correrá o risco de simplesmente deixar de viver. Resta apenas a terceira e última fase, bônus. Decisão consciente, agir com coerência, poder brindar cóm idade ativa os prazeres da vida. Viver a sua essência secundária, aproveitar literalmente a juventude que resta, cuidar da saúde, praticar os esportes que lhe são permitidos, abrir-se para o novo. Para isso, basta olhar para o futuro e verá que há muito que se fazer. Afinal, um dia partiremos para o além, sem ao menos tentar viver a essência, não é justo. Agora! Realizar os sonhos antes impossíveis, devido às atribulações da vida profissional e sem culpa. Com planejamento e maturidade, a oportunidade de todas as realizações: estudar, aprender, escrever, viajar, pescar, aventurar-se e praticar todas as vontades ocultas inimagináveis. Da dúvida do equívoco ao acerto, fortalece e agradece pela exatidão da decisão de ter feito o correto, optar e priorizar por viver bem, considerando as fases anteriores. Fez tudo de maneira correta? Sim ou não! Não importa. Para isso, devemos procurar errar menos, conforme a matéria desenvolvida anteriormente, no título *Erro, sinônimo de aprendizado*. Uma missão difícil, não errar. No entanto, é possível errar menos, mesmo considerando que aprendemos às custas dos nossos próprios erros. E, ainda, as experiências negativas alheias que contribuíram a seu favor. Tudo agora é passado, os cuidados necessários para a escolha profissional, por exemplo, já não importam mais, os equívocos agora não trarão mais experiências necessárias para as escolhas corretas. Salvo algo novo que trará alegria e realização para o seu bem-estar, pode valer a pena. Considere-se pronto, pelo menos deveria estar, dois terços da vida se passaram. E agora, José? O que diz o poeta ***Carlos Drummond de Andrade*** em seu poema, ***José***. "Ilustra o sentimento de solidão e abandono do indivíduo na cidade grande, a falta de esperança e a sensação de que está tudo perdido na vida, sem saber que caminho tomar". Então, aqui a situação é ao contrário, é a fase de desfrutar os benefícios produzidos no passado. Neste momento, a vida está em suas mãos, para viver à moda que desejar. Se ainda houver dúvidas no autoconhecimento para este fim e para as suas realizações, espelhe-se em situações alheias, no dia a dia, verá que é bom. Evitando os equívocos, terá êxito e certamente a segurança ocorrerá. Infelizmente, as pessoas erram por demasiado, levadas pela inexperiência, pela falta de autoconhecimento e pelo desequilíbrio da inteligência emocional. Os erros acontecem em todos os segmentos e você simplesmente observa a situação do lado de fora da questão, com isso terá adquirido, mais experiência e autossuficiência. Desta feita, ficará no seu subconsciente, amanhã se valerá disso e não irá vacilar ao buscar a sua realização de qualidade de vida, há segurança. Se não nesta fase, não haverá outra. Com o tempo, mudará tanto sua maneira de pensar, que não se preocupará com as coisas do passado. Fez o que fez, agora lhe resta o benefício do bônus.

Assunto estreito ao nosso pensamento, a fala de ***Flávio Gikovate***, em que corrobora nas dúvidas, incertezas e inseguranças das pessoas contaminadas pelos conceitos e preconceitos, estabelecidos e preestabelecidos pela sociedade, no sentido de ser feliz em qualquer tempo.

Diz: "Não há dúvida de que hoje podemos ter uma condição de vida muito mais confortável do que há décadas. Ao mesmo tempo, somos estimulados a jamais nos saciarmos, viver como escravos da vaidade e de seus derivados. Aderimos ao jogo competitivo porque somos estimulados a isso, porque temos momentos de fraqueza em nossa autoestima, e isso enfraquece nossas convicções. Aderimos a tudo isso porque também não sabemos lidar com a paz, a serenidade, a felicidade e a desocupação sem nos sentirmos ameaçados e deprimidos. Vários são os ingredientes que participam desse processo, aos quais já me referi neste e outros textos. São eles, entre outros, o medo da felicidade – a sensação de tragédia iminente quando estamos bem; a tendência a nos ocuparmos mais com o caráter mortal de nossa condição e com as incertezas que efetivamente definem o nosso futuro". E ainda diz: "Acho interessante reintroduzir aqui mais um importante ingrediente nesse já dramático caldeirão, relacionado com os erros que temos cometido a respeito da reflexão moral e que nos leva a perceber a condição de felicidade e serenidade como algo indigno, medíocre, pior. Existe uma 'ética do sacrifício' embutida no conceito da generosidade, pela qual o mais virtuoso e digno é aquele que vive uma vida difícil, tormentosa, sofrida mesmo. Assim, a grandeza é propriedade daqueles que levam uma vida árdua, cheia de renúncias aos prazeres, matriz do novo prazer que é o prazer da renúncia. Ou seja, de acordo com a forma como fomos ensinados a pensar a respeito da questão moral, são mais dignos e virtuosos os que sofrem; em especial, aqueles que vivem de forma dolorosa e difícil por livre opção... É absolutamente essencial que sejamos capazes de nos livrar desse terrível condicionamento, que nos impõe uma vida de ocupação competitiva permanente e a busca ativa das maiores adversidades e dos caminhos mais tortuosos".

Com boas intenções, somam-se os ideais de autores para contribuir e demonstrar o caminho do verdadeiro sentido da vida aos leitores. A clareza nas realizações pessoais, fazer chegar ao ponto mais alto, ao ápice da sabedoria, mostrando os verdadeiros valores essenciais da vida. Considero que, aos olhos de Deus, há muita insatisfação pela sua própria criação, a mediocridade humana em não entender a dádiva deste pequeno mundo, maravilhoso e solto no universo. Contudo, ao nosso inteiro dispor, o ar que respiramos, o nosso alimento, tudo ele provê, sem interferência, toda sua criação à nossa inteira disposição. Mas o homem é implacável e avesso a tudo e contra si mesmo. Sempre lutou demasiadamente em busca de conquistas: através de batalhas, por terra, pelo mar e pelo ar, às custas do sacrifício da vida humana, sem saber aonde chegar. Mesmo porque não há onde chegar, tudo muda, tudo passa e tudo é finito. Os impérios, ao longo dos milênios, se renderam ao pó. A clareza da realidade da vida a ser conquistada é transparente como o ar, não se vê, mas dá vida e mesmo assim não enxergam, não sei por quê!

Em busca de entendimento da razão lógica da vida, o filósofo e matemático francês, dos séculos XVI e XVII, considerado o pai do pensamento moderno, ***René Descartes*** (1596-1650) (*je pense, donc je suis*). *"Penso, logo existo"*. Coloco-me a pensar na exatidão desta pequena frase que foi traduzida para o português, na origem da língua francesa *"penso, logo sou"*, a revelação pretendida pelo autor quanto ao pensamento da existência do ser humano, a frase fortalecida em apenas três palavras: *"Penso, logo existo"*.

"A conclusão é de duvidar de todas as coisas, a seu ver, mesmo que duvidasse de tudo, não poderia duvidar de que ele mesmo existe, pelo menos enquanto coisa que pensa", para ele, chama a atenção para a impossibilidade de reconhecer um sonho. Desse modo, tudo o que chamamos de realidade pode ser apenas elementos integrantes de um sonho. Mas apenas a matemática demonstra aquilo que afirma, não é alterada. A reflexão diante da busca dos mistérios da vida no sistema planetário. O homem, por sua natureza ou inconformismo, não se rende aos simples benefícios oferecidos gratuitamente por Deus, não se cansa na busca do ilimitado desconhecido, no universo infinito. Sem objeção ao pensamento futurista, porém incompreensível, não conhece as necessidades da nossa sofrida terra. O homem, à mercê da própria sorte, desconhece o poder da força dos mistérios e foge à razão da sua verdade. Se atreve e não percebe a insignificância dos seus propósitos, sem fundamentos, com relação à força desconhecida do além. Tudo à revelia das necessidades básicas do próprio homem, que vira-lhe as costas e deixa sofrer.

A ganância prospera e pensa que é vencedor, às custas disso. Não sabe distinguir, salvo minoria, os princípios básicos da sabedoria em viver a vida sem aflição e ser melhor simplesmente por si só. Ao contrário do pessimismo de Descartes, o sonho deve prevalecer além da exatidão da matemática ou da influência negativa de um gênio maligno que faz acreditar nessa exatidão. É o que se tenta demonstrar com simplicidade nos títulos deste livro, a dificuldade e a falta de discernimento básico para a conquista primária, para no futuro, com mais idade, não apenas ser um sonho, mas, sim, os cuidados para sofrer menos e usufruir mais. Por exemplo: a escolha de uma simples profissão com menos erros, objetivando a satisfação e a realização de uma vida melhor. As experiências são válidas e necessárias. No entanto, poucos chegam, por merecimento lógico, aos benefícios da satisfação do bônus.

Férias permanentes

O conceito de aposentadoria nasceu devido à necessidade da relação de trabalho entre os homens, por meio de contribuição social junto ao Estado ou privada. Isso ocorre de maneira não singular, por acidente de trabalho, invalidez e envelhecimento. Cabendo ao Estado a manutenção e garantia da dignidade da família do homem trabalhador. No Brasil, surgiu no século XIX, por decreto e determinação da *princesa Izabel*, em que retirava-se um dia de trabalho e depositava-se em um fundo especial de previdência e pensões. Com as adversidades da economia, aconteceu, em 1943, a Consolidação das Leis de Trabalho. Tecnicamente, e pela necessidade do início da relação de trabalho, aconteceu desta forma, o que é correto e traz tranquilidade. Porém, o termo técnico "aposentadoria" difere do nosso conceito, digo que não deve ser simplesmente assim. O termo usado, aposentadoria, o nome deprecia, diminui, como se fosse um novo tempo, porém, como se não houvesse mais nada por fazer. Muito se vê o constrangimento ou insatisfação na manifestação de se dizer estar aposentado. Por isso, o nosso entendimento de *férias permanentes,* com alegria e satisfação dos prazeres da vida, galgados ao longo dos anos. E o ônus para suportar o bônus? A sustentabilidade financeira para esse fim? O ônus para essa satisfação e qualidade de vida deve ser suportado pelas metas estabelecidas no período do trabalho, na segunda fase da vida. A razão dessa assertiva deve-se não apenas à compreensão de resultado final no aspecto de planejamento financeiro, exposto no capítulo anterior, mas também a uma realização indelével. Para muitos, soa como uma presunção descabida, até pretensiosa. A compreensão está na objetividade da capacidade individual, nos propósitos e conceitos da pretensão a ser alcançada. Não é uma regra, mas uma vontade dentro das possibilidades da virtude e pela ótica de cada um. Trabalhar é bom e necessário, no entanto o descanso merecido, acordar sem compromissos relevantes, é melhor ainda. O critério é a consideração e o respeito da livre escolha desde o começo, independentemente do aspecto financeiro. Uma vida pacata, simples, estando onde desejar estar, justifica os princípios. Vender água de coco à beira-mar, aos olhos da satisfação e qualidade de vida pretendida, enobrece e faz feliz.

Monólogo

Hoje, na fase do bônus, somente você se autoquestiona a oportunidade de um balanço não contábil, o balanço da vida, a sua vida, uma viagem para o passado e outra para o futuro.

Ontem, a viagem para o passado, um encontro com você mesmo, ainda criança, no tempo dos sonhos, onde a imaginação, insegura, como se estivesse em um barco flutuando, à espreita do que lhe aguardava o futuro.

Agradecer àquele menino, àquela menina, para você mesmo, pelos acertos que teve. Imaturo, com atrevimento, a decisão correta, obrigação não havia, que o levaria para os benefícios de hoje.

Desculpas àquele menino, àquela menina, para você mesmo, às vezes as exigências que não poderia suportar fizeram chorar.

Amanhã, a viagem para o futuro, no seu último momento, no ataúde, rodeado por alguns dos seus, que estarão à disposição ou não para a despedida final. Imaginemos, por uma força celestial, você poder agradecer e estar satisfeito ou não, por todas as suas decisões. Não do ontem quando criança, mas do hoje quando adulto, na fase do bônus, momento do desprendimento.

Agradecer a você mesmo pelos acertos e decisões acertadas para todas as suas realizações ou culpar-se por não ter entendido a compreensão da brevidade da vida, ter deixado para depois, e não ter havido tempo. Por isso, se não por um autojulgamento celestial, a oportunidade da grandiosidade de poder decidir por você, hoje. Agradecer por estar apto e vivo. Viver a essência de algo que ficou para trás, ou, pelo menos, o que deseja verdadeiramente fazer com o seu futuro.

Plano secundário, uma alternativa saudável

Você sabe quantas habilidades existem em você? Uma nova habilidade pode ser despertada nesta nova fase em busca de realização ainda oculta em sua vida. Essa possibilidade despertará o fascínio, o desejo dessa manifestação ainda desconhecida. É vibrante, é estimulante, como o primeiro olhar para aquela garota que despertou os seus primeiros sentimentos de desejo, como o cheiro que encantará, os hormônios à flor da pele, e essa nova realização lhe trará objetividade e alegria no despertar de um novo talento ou habilidade. Para que isso ocorra, deixe fluir naturalmente as vontades ocultas, os verdadeiros sonhos, que antes imaginava serem impossíveis e loucos, armazenados e escondidos por décadas no seu subconsciente. Como uma flor prestes a desabrochar, lhe trará o prazer com a igualdade de um impulso incontido, com essa nova descoberta. A dificuldade está na resistência em aceitar a diferença de uma nova vida, ainda desconhecida, por se revelar, com relação à atividade de trabalho que outrora lhe trouxe as realizações e a satisfação financeira. Esse plano alternativo, nesta fase única e colossal é incompreensível aos olhos dos de fora, de difícil aceitação, devido aos costumes e preconceitos da sociedade, onde a dignidade do trabalho deve perseverar até a morte. Acredite na expectativa da vibração positiva, o nascimento extemporâneo de um plano secundário, não é surreal, é vida! É possível, e extremamente compensador, andar à beira-mar, descompromissado com a vida, aí sim! É surreal. Descobrirá novas sensações e realizações inimagináveis dentro de você e, por certo, junto com a prática do exercício do ócio criativo, arriscando-se à novidade da adrenalina que pulsa nas veias da vida, terá esta satisfação consolidada. Essa decisão traz incertezas no início, mas os resultados no decorrer dos anos, a certeza do correto e grato pelos desafios do passado, a vida é passageira, há que se viver intensamente. Muitos são os exemplos de sucesso que optaram por uma nova vida após longos anos de trabalho. A princípio, uma decisão temida para a realização do bônus na terceira fase da vida. Não hesite, será simples e definitivo. Não houve dúvida, afinal um planejamento descompromissado na realização desta vontade desde sempre, virar a vida ao avesso, mundo afora: viajar, as estradas, as montanhas, morar à beira-mar ou no interior, os desertos dos Andes, os Alpes, os glaciares; o mundo por se conhecer, a leitura, escrever, a jardinagem, a vida rural, uma infinidade de prazeres à sua disposição, qualquer coisa a critério do que lhe satisfaz, com alegria. Na dúvida, uma alternativa, acreditar e desenvolver a autoeficácia, que, segundo a psicologia, contribui na convicção de ser capaz de uma função individual para conseguir realizar uma nova tarefa, vencer desafios, inverter situações negativas com ânimo motivacional. Neste caso, não especificamente com interesse de um novo trabalho, mas com a expectativa de superação e entendimento de se estabelecer um plano "B" nessa fase do bônus. Agora, se preferir a persistência e a responsabilidade no trabalho ou em uma sala de escritório, é possível. Entretanto, nesta fase não é bom. Cada um tem o seu escritório ou trabalho onde melhor lhe convém e até o tempo que desejar, só não esqueça que a vida é passageira. A única estatística deste livro é de que a expectativa de idade média, de acordo com o Instituto Brasileiro de Geografia e Estatística, do homem brasileiro é de 73,1 anos e da mulher 80,1 anos, sem grau de recurso. Uma vida repleta de satisfações e realizações nas fases anteriores ou não, formação e trabalho. O inusitado início na terceira fase, não obstante uma vida diferenciada entre o trabalho e as benesses da vida, nunca trouxe prejuízo, ao contrário, contribuiu para o pódio em todas as fases. No bônus, o ponto alto, a festa continua, menos a responsabilidade do trabalho que ficou para trás, dignamente. A alegria incontida no acerto, que só foi possível às custas da certeza em acreditar que tudo pode e, com gratidão, deixar a profissão para trás. Deve entender que essa realização profissional às custas do dom, talento ou habilidade serve para a manutenção das necessidades básicas de segurança financeira. Aqui, houve, literalmente, uma programação secundária de projeto sereno, a manutenção para o fortalecimento desse novo plano "B".

Muitos exemplos de insegurança, por admitir não saber o que fazer com a liberdade. Acostumou-se com as obrigações do trabalho e não consegue se ver com todo o tempo a sua disposição para viver intensamente a vida. Essa dúvida ocorre em todos os segmentos, empresarial, autônomo ou liberal. Um exemplo bastante curioso de dois amigos concursados em um grande banco de rede nacional, extremamente qualificados, ***I.D.*** e ***A.M.***, ambos aptos ao topo da carreira. Aposentadoria com o tempo legítimo e justo, devido aos trinta anos de trabalho, a insegurança sob a alegação de serem novos, aos 50 anos. A insistência das nossas orientações de conversas em ocasiões sociais, o convencimento das *férias permanentes*, resultaram no encerramento da carreira. Hoje estão felizes pela decisão. A dificuldade está em achar tempo para tantas situações de satisfação plena, a felicidade de se viver o bônus.

Ao contrário de tudo, o trabalho e a rotina de muitos anos podem continuar. Talvez o benefício de alguns trocados a mais, mas não nos esqueçamos de que um dia a gente chega e no outro vai embora, como diz o poeta. Pergunto-lhe, para quê? Trinta anos não bastaram? Houve erro de planejamento? Devemos considerar uma única certeza, aguardar sem muito brilho, que um dia seremos o alvo, a estrela principal da caminhada final. O desfile na passarela das ruas da cidade, o seu cortejo. Os aplausos pela dignidade no trabalho são importantes, no entanto, o atrevimento em brindar a vida não é diferente, nem menos importante.

Para este título, a inspiração poética de ***Almir Eduardo M. Sater*** e ***Renato Teixeira de Oliveira,*** trechos da letra da música inspiradora "Tocando em Frente" nos põem a pensar na profundidade da verdadeira razão da vida. Assim diz a poesia, assim escreveram os poetas:

– Ando devagar porque já tive pressa
E levo esse sorriso
Porque já chorei demais
– Hoje me sinto mais forte
Mais feliz, quem sabe
Só levo a certeza
De que muito pouco sei
Ou nada sei...
– Penso que cumprir a vida
Seja simplesmente
Compreender a marcha
E ir tocando em frente...
– Todo mundo ama um dia
Todo mundo chora
Um dia a gente chega
E no outro a gente vai embora
– Cada um de nós compõe a sua história
Cada ser em si
Carrega o dom de ser capaz
E ser feliz...

Considerando tantas adversidades entre o bem e o mal, as alegrias e as tristezas, é relevante viver com dignidade. E, ainda, considerando que cada um de nós tem um caminho a percorrer, a nossa vontade é que haja a consciência para que todos tenham mais alegrias do que tristezas na vida. Afinal, a ânsia de viver intensamente e dividir humildemente as experiências vividas, uma vida menos atribulada, fazer sofrer menos com a compreensão desse livro. Talvez a incompreensão da realidade da vida na letra da música, quando diz: "ando devagar porque já tive pressa", está em saber que de nada adianta correr demais se não se sabe para onde. Por isso, ande devagar, como sugere o poeta. Sem ansiedade, mas há que se planejar a vida e fazer valer a pena. A vontade de que cada leitor encontre o caminho para ser feliz. Desta vida sabemos pouco. Quando mais achamos que muito sabemos, a razão nos põe no lugar e damos conta de que nada sabemos. A prova disso é o nome do livro *De onde viemos? O que somos? Para onde vamos?*, de ***H. Moysés Nussenzveig*** (2019), o enigma questionado por todos os tempos pela humanidade. Esse questionamento singular foi ampliado poeticamente por ***Volder Augusto*** *(site pensador.com)*: "de onde viemos? para onde vamos? quem foi o primeiro? quem será o último? quando tudo surgiu? como tudo surgiu? uma explosão estrelar ou um sopro da vida? quando a maldade será esquecida? quando a verdade será inesquecível? o que faremos no futuro para continuarmos vivos? o que nos matará, um assalto a mão armada, um planeta perdido na galáxia ou nossa própria ambição? quem irá nos salvar, o criador ou o governo? Viva para fazer o futuro, viva para tentar mudar o passado, nem tudo vem certo, tem coisas que vêm errado". Assim seguem os enigmas da origem e, nesta fase, a oportunidade de um momento único à disposição da sua livre escolha, por que não conceder o privilégio de novos sabores da vida, otimizando um plano alternativo e desfrutar os belos anos que restam, considerando os benefícios de estar na fase do bônus? Considere que a vida é agora, não temos alternativas, resta aceitar ou não. Eu escolhi viver e degustar incansavelmente os momentos com menos preocupações, sem as atribulações que as profissões oferecem, generosa ou obrigatoriamente.

Idade física

Admitir a idade física em vez da idade cronológica. Se você imagina que é possível ser jovem dos 50 aos 90 anos, será. Com isso, poderá desfrutar o imaginário futuro com saúde. Vejamos: se, pela hereditariedade ou por cuidados, chegar à longevidade, poderá, sim, física e mentalmente, viver com excelência, o bônus da vida com mérito. Mantendo-se ativo, praticando exercícios físico e mental adequados, oito horas de bom sono e boa alimentação. Tenho alguns exemplos de superação, disposição e longevidade:

meu bisavô materno, ***Fermiano Candido Vieira***, 102 anos de idade (1880-1982), viveu a vida no árduo trabalho do campo e os prazeres da jardinagem, não se ouviu falar em doenças. Em um domingo chuvoso resolveu morrer, deitado em sua cama, pediu a sua esposa que acendesse uma vela e serenamente faleceu. Meu pai, sua caneta é a foice, prefere pular uma porteira no campo a abrir o cadeado normalmente, e seus três irmãos, todos vivos e com idade entre 87 e 92 anos.

A observação para a longevidade nesses dois exemplos é resultado da influência de três fatores essenciais, vejamos: primeiro, a hereditariedade; segundo, agem naturalmente, como se a idade não existisse, dão de ombro para qualquer situação, dirigir automóvel ou fazer uma longa viagem. Literalmente, não estão nem aí para o tempo, são uns moleques teimosos com o pensamento sempre focado naquilo que se pretende realizar, com muita vibração e pensamento positivo. Um trecho da obra de ***Norman Vincent Peale***: "Não dê ênfase em suas conversas e em seus pensamentos ao fato de ter idade. Recorde-se de que a medida de tempo chamada ano é inteiramente artificial. O tempo é incomensurável. Você não é mais velho do que aquilo que confessa ser. Viva, portanto, de forma que as pessoas jamais pensem em idade quando estão em sua companhia. Seja o tipo de pessoa sem idade. Mantenha a mente alerta, sua fé bem forte em Deus e o tempo o tratará com delicadeza"; e, terceiro, a determinação em realizar atividades que para muitos são difíceis, como cortar a grama de um jardim, consertar o telhado, fazer longas caminhadas e tantas outras situações inimagináveis para a idade, eles não se entregam.

Nesses exemplos, a razão que fortalece a defesa, neste livro, da teoria do suficiente e fazer entender a necessidade de usufruir o bônus no momento adequado. Os ascendestes citados também tiveram seu momento de atribulação na fase produtiva de suas vidas. No entanto, naturalmente, logo no início da terceira idade, se colocaram em situação de conforto, se dispuseram aos prazeres do bônus. Agora, muito simples, seguir a receita.

Entretanto, todos temos nossos limites e condições diferentes. Cada um de nós partiu, veio de lugares e culturas diferentes, às vezes não favoráveis hereditária e financeiramente. Mesmo assim, não podemos nos render e deixar de viver bem, fazendo a diferença na nossa única oportunidade de estarmos aqui. A regra é clara, andar pelos caminhos que a vida nos leva com suavidade, com a consciência de que essa realização deve ser de forma lícita, honrada e honesta. Por isso, a frase que intitulo como um escudo em nossa defesa: *A vida é agora, não desista de seus sonhos*. Não devemos tirar os olhos da média de vida do homem; considerando as incertezas do dia a dia, nos deixa sempre com um saldo incerto e inseguro, um dia a mais é um dia a menos. Por isso, a motivação em viver bem com os devidos cuidados.

É compreensível a influência da genética para uma vida longínqua, o avanço da medicina moderna ou a hereditariedade, que contribuem para a idade na casa dos três dígitos. A vida é uma caixinha de surpresas, nosso destino está nas mãos de Deus. A razão dos cuidados necessários, para não corrermos os riscos de passar a vida em branco, em um mundo colorido e uma terra azul.

Assim, por todos os tempos, não damos conta da velocidade com que a vida passa, o tempo não se incomoda, ele permanece pelos milênios, dia a dia, sem pressa. Não está nem aí para nós, a vida humana se renova, para ele não faz diferença. Por isso, estacionar o pensamento na jovialidade da mente e esquecer que o corpo padece.

"A vida é uma peça de teatro que não permite ensaios. Por isso, cante, chore, dance, ria e viva intensamente, antes que a cortina se feche e a peça termine sem aplausos".

(Autor desconhecido)

Seja feliz onde deseja estar

Somos uma pessoa só, não seremos duas jamais. O homem busca, através das civilizações, a resposta para o fascínio do misterioso lugar de nós mesmos no universo e a evolução da sua história. Contudo, nos restam apenas dúvidas, não há respostas, há mistério. Eis a razão da nossa fé. O homem inconformado não desiste, vive em busca de aventura no cosmos, em busca de simples respostas para perguntas, sem respostas para as indagações de ***H. Moysés Nussenzveig*** (2019) sobre a existência, que o incomoda: De onde viemos? Para onde vamos? (...) Com isso, a única possibilidade de escrever sobre esses mistérios é correr sem saber onde chegar, aceitar tudo como simplesmente é, sem respostas. O único caminho, fazer a sua própria história.

Ser feliz onde deseja estar, é possível desconsiderar o aspecto financeiro para essa realização? Sim. Você pode optar por um plano para a realização dessa satisfação, caso se depare insatisfeito profissionalmente, ou simplesmente realizar seu sonho de estar em outro lugar, viver onde desejar, no seu país, em outra cidade ou no exterior; aqui, salvo os cuidados diplomáticos. Tudo é possível, se acreditar e pretender que isso ocorra, realizar seus sonhos e considerar que a vida é agora.

Conceitua ***Descartes*** (1596-1650): "(...) nunca aceitar alguma coisa como verdadeira que eu não conhecesse evidentemente como tal". É o primeiro passo, uma premissa absoluta, acreditar e priorizar a sua vontade. É possível, acredite! Você consegue. Eu acreditei! Realizei e realizo tudo que planejei ao longo dos anos, sem deixar de viver intensamente todos os momentos inerentes a cada tempo e época, usado e ousado. Usado: no sentido de não medir esforços para a obtenção dos meus objetivos. Às vezes, o desgaste é inevitável. Ousado: como se não houvesse limites ou constrangimento para estar onde desejasse. Atitude e altivez são necessárias para a satisfação de sua pretensão, em especial na atividade profissional. A ousadia com educação, ética, gratidão, lealdade e respeito ao próximo é atitude fundamental para o sucesso. Se não ousar, não alcançará seu objetivo. Na atividade profissional, nos prazeres essenciais da vida, a ousadia é seu cajado, cada um à sua maneira em busca da realização justa e pessoal. Assim, certamente as portas estarão abertas para estar onde desejar.

A frase iluminada de ***Henry Ford***, "Se você pensa que pode, ou pensa que não pode, de qualquer forma você está certo", confirma que um profissional de qualquer formação, seja ela formal ou informal, poderá exercer sua atividade em qualquer outro lugar, de maneira a sentir-se realizado, caso esteja contrariado onde está ou não. Essa vontade pessoal é de sua única e exclusiva escolha para realizar seus sonhos e desejos de ser feliz. Com a experiência adquirida ao longo dos anos, deve prevalecer a vontade da sua essência em qualquer lugar. Realizar seus sonhos com desejo de felicidade plena, se insatisfeito, mudar a vida profissional ao avesso ou deixá-la de vez. Você cresce ou fica onde está. Um plano secundário de realização em busca do novo. Para isso, deve estar consciente de fatores que essa mudança pode implicar, às vezes de maneira negativa. Há que considerar o conhecimento e o reconhecimento da sociedade, da atividade que exerce onde está, mesmo que insatisfeito! A questão é relevante, riscos existem, se sonha, há que crescer. Todos necessitamos chegar em algum lugar, o sucesso profissional, a fama, o poder, a fortuna ou simplesmente viver as delícias da vida, admirando as belezas ofertadas por Deus, a natureza, a música. Enfim, tudo por se fazer a seu gosto. Não permita que isso passe de maneira despercebida, a ponto de ser tarde demais.

Muitas promessas de realização, nesta fase de Bônus, são prorrogadas, adiadas, deixando sempre para o amanhã. O risco de se tornar definitivamente impossibilitada a realização desse sonho é grande. Com a idade, a vontade passa, a doença chega, os imprevistos acontecem. Não podemos vacilar, a vida é cheia de obstáculos que surgem de maneira inesperada e acabam por provocar o fim da expectativa de se fazer algo diferente, no tempo que resta e com saúde. Optar por um plano secundário o mais cedo possível, aumentando a chance de realização e satisfação, buscando um novo horizonte, tranquilo e saudável, como, por exemplo: escrever, viajar por todos os lugares e estar à disposição do surgimento de um novo gene que desperte um novo conhecimento. Abrir as portas da mente a uma nova atribuição, como relatado no capítulo da primeira fase, no título "Dom, Talento e Habilidade".

A probabilidade existe, bastam o atrevimento, a vontade, o despertar de um novo gene, manifestar-se no subconsciente da nossa mente, florescer uma verdadeira e nova habilidade para suas realizações. Como se fosse uma pérola oculta que surgisse das profundezas do corpo humano. Estudos afirmam que com a ciência dos homens isso é possível. Esse surgimento de genialidade é possível pela determinação individual de cada um e acompanhado pelo merecimento aos olhos do supremo – *a vida é agora, não desista de seus sonhos.* Para fortalecer a ideia do bônus e a necessidade de sustentar esta pretensão: morar com a família por temporada em lugares diferentes e de culturas opostas. Estudar, adquirir experiência para as realizações da prática de se viver bem.

Um exemplo prático chamou demasiadamente a atenção na realização de integração, em terras campo-grandenses, saindo dos recantos do pantanal sul-mato-grossense, para o litoral sul do Brasil. Um exemplo marcante de determinação e foco na realização do que se pretende. A estória de uma pantaneira, no ano de 2014, ***L. F.***, aos 49 anos, de origem humilde, trabalhadora rural, nos prestou serviços domésticos por apenas quatro meses, devido à realização de um sonho, uma atitude sábia. Observamos ser uma pessoa extremamente generosa e determinada. Se dispôs a viver e trabalhar no litoral catarinense, em Florianópolis. A bela justificativa foi: "lá, nos finais de semana, sou igual a todos, não sou rica, não sou pobre, o mar e o céu azul também são meus". Poucos anos depois, com a realização do seu sonho concretizado, o benefício da satisfação pessoal, levou à prosperidade financeira. Aqui, a realização pessoal se deu em lugar distante de onde nascera, por consequência, é feliz onde desejou estar.

Assim tantas outras situações de realizações. A decisão pode ser difícil, mas não impossível. Se existe a pretensão, com planejamento e foco realizará esse sonho ou simples vontade.

Ao longo de muitos anos e por todos os lugares, estar onde deseja estar, no Brasil ou no exterior; a maior dificuldade não é apenas a distância geográfica, mas a distância física dos que ficam para trás, amigos e familiares. No retorno, de volta para casa, o maior de todos os benefícios, muito além da satisfação das realizações que se pretende, são as boas amizades que se fez e também ficam para trás. No futuro, a milhares de quilômetros de distância, ficam marcados na memória a cordialidade, o sorriso de uma criança, um senhor altivo que talvez não verá jamais.

O preço do sucesso

As alegrias da infância, a juventude, a amizade gravada no subconsciente, como se fosse para a eternidade. Na incerteza da escolha de uma profissão, as mais diversas e imagináveis possibilidades de dificuldades que tínhamos para o futuro; com isso, existia a dúvida do sucesso ou a certeza do fracasso. Agora, nesta fase do bônus, apenas o rastro do trabalho árduo deixado para trás. Devem prevalecer a nova descoberta e o agradecimento àquele que contribuiu de maneira direta ou indireta para a sua realização no passado. Com a felicidade do sucesso profissional ou não, agradecer pela realização que foi possível.

– Você tem muitos amigos?

– Sim! Dezenas de amigos.

– A profissão realizada, ainda com pouca idade ou não, certamente pensa em dividir toda a sua alegria, inclusive com eles, seus amigos, não é?

– Você pensa que sim.

– Infelizmente, não é bem assim!

A surpresa. Seria cômico se não fosse trágico, você é pego de surpresa por um sentimento indesejado das pessoas próximas a você. A percepção do sentimento de inveja.

A vida acelerada no decorrer dos anos de trabalho, com sorte a família intacta, a responsabilidade e atribulação, fizeram não perceber a distância do ontem até o presente, os amigos minguando, uma realidade romântica e inabalável do passado, hoje apenas lembranças.

Você se pergunta: onde estão meus amigos? Poucos me restaram! Ao contá-los nos dedos das mãos, verá que tão poucos dedos são muitos!

Onde estão meus amigos?

No decorrer de muitos anos, que parecem ter passado num piscar de olhos, não nos damos conta dos tantos amigos que nos acompanharam desde os bancos escolares, muitos se perderam e outros a vida levou para lugares distantes, para seus destinos. Os verdadeiros amigos – desnecessária a presença física, não é questão de tê-los próximos, mas sim de serem amigos ainda, mesmo que distantes.

O sucesso profissional tão almejado, a conquista com orgulho no sentido positivo, não pejorativo, mas de prazer e satisfação com o seu próprio valor, virá contribuir para o nascimento da diferença social, intelectual e financeira. Entre aquele querido amigo do passado, despertando o sentimento de angústia e frustração do ser humano, do seu amigo. A inveja. Para aquele que não obteve êxito e não conseguiu assimilar a diferença naturalmente, com o sucesso alheio, sofre e faz sofrer. A generosidade de quem obteve êxito não traz alegria, mas a repulsa do invejoso por não ter alcançado sua pretensão. A demonstração deste sentimento será facilmente identificado com falso elogio, reclamação em detrimento ao que você fez, o que você possui e demonstração de cobrança negativa em relação ao auxílio ofertado por você com generosidade. Imita e procura fazer o mesmo que você. Nesse caso, cuidado é necessário, pessoa invejosa com manifestação, comportamento negativo e palavra nociva traz desconforto. Às vezes acaba por gerar sentimento de culpa. No caso, por simplesmente ter feito o correto, que se pretendia fazer. A sua realização traz tristeza, ciúmes e raiva.

A inveja é um sentimento negativo que faz o invejoso sofrer, é a consciência da insuficiência de potencial. A demonstração máxima de frustração pessoal e da falta de capacidade com a realização do sucesso alheio. Este sentimento doloroso se manifesta em relação a terceiro, no aspecto físico, social, no jeito de ser, material e intelectual. A inveja é incompreensível, é um sentimento de fraqueza. Se a inveja faz sofrer, consequentemente proporciona estresse e compromete a saúde. Com isso, deixa-se de ter uma vida intensa e saudável às custas desse sofrimento. Ela oprime, aí o risco da morte da segurança pessoal e da autoestima. Consequentemente, a deficiência do autoconhecimento. Logo, a inveja é absoluta perda de tempo, deixa pequeno, sem o propósito da autossuficiência, que é inerente ao requisito do equilíbrio e da inteligência emocional do homem. O tempo é majestoso e intocável. O invejoso está de certa forma comprometido, subordinado ao infinito da irracionalidade da distância e perdido no espaço. Não sabe que nada é único e independente. Tudo está interligado, alheio à própria vontade.

Com isso, o homem invejoso não chegará a lugar algum, perdendo, assim, o seu precioso tempo, implicando em maior dificuldade. Ausenta-se da sua verdade e compromete o seu próprio desenvolvimento. Fica subordinado ao espaço da insignificância, não traz benefício algum para si, sofre e fica ainda menor no contexto da universalidade social, necessária para o sucesso em todos as fases da vida.

O sucesso profissional, a altivez trazem o sorriso solto, felicidade, alegria e influência até da roupa que veste. Isso faz aflorar o subjulgamento da própria fraqueza em oposição a você, todas as suas atitudes estão sendo observadas, estará sendo invejado, cuide-se. Infelizmente, o sucesso traz incômodo à pessoa de inteligência emocional frágil, despreparada, normalmente incapaz na sua própria realização e conquista. Trazendo consequências de incompreensão a um amigo ou pessoa de sua convivência.

Nesse sentido, um caso nada inspirador ocorrido na experiência de integração no Estado da Bahia, em 2018, em uma belíssima praia na cidade de Arraial D'Ajuda. Entre amigos e também na companhia de nível internacional, de um grande empresário alemão, paulistano por adoção, envaidecido de seu autoconhecimento e razão sobre tudo. Senão a inveja, pelo orgulho ou egoísmo. No momento em que passei a falar da pretensão deste livro, ironicamente, o louvado conhecedor teceu críticas no sentido de que a pretensão não seria interessante. O porquê? No seu entendimento frio, sob a justificativa de que a ideia alcançaria a grande massa da população e não a quem de fato interessa no contexto mundial, não mais que três por cento da população, segundo ele.

Observei atentamente a crítica e considerei, ainda, que somos donos do que escrevemos, enquanto escrevemos, depois disso, aos olhos do leitor, o escritor está sujeito a todo tipo de indagação e crítica, positiva ou negativa. A reflexão da visão individual, neste caso que atribuo como "caso alemão", por mais que devamos respeitar as opiniões alheias, foi mínima, em não me espelhar no seu entendimento. A opinião crítica, elitista, no mínimo egoísta, me fortaleceu e me fez entender que estava no caminho correto, considerando o trabalho que dá escrever um livro, mas consciente da sinceridade expressa em todos os assuntos relativos. A real pretensão é, de fato, atingir o sonho e as realizações do maior número de pessoas possível e, principalmente, os jovens estudantes. Na primeira fase da vida, as dúvidas em relação às suas escolhas são enormes, de maneira clara e simples que me proponho e considero de difícil assimilação. Contribuir, sim, em dividir todas as experiências que deram certo, trazer leveza e a alegria de se viver bem para a coletividade, independentemente de classe social, cor, etnia e religião.

No entanto, com relação a este título, "O preço do sucesso", a mensagem clara na frase abaixo de autor desconhecido:

"Não grite alto por sua felicidade, pois a inveja possui sono leve."

Considerando a agressividade ou a realidade da frase anterior, nos beneficiamos da justificativa de ***Veblen,*** no século XIX, ao usar a expressão "invejosa". Disse: "é talvez desnecessário notar que nenhuma intenção existe de elogiar ou depreciar, nem de recomendar ou lastimar, qualquer dos fenômenos por ela caracterizados. Usa-se aqui o termo num sentido técnico para descrever a comparação entre os indivíduos, classificando-os e estimando-os no tocante ao seu valor relativo, no sentido estético ou moral; o termo é usado para designar os graus relativos de complacência segundo os quais os homens podem legitimamente ser vistos por eles mesmos e por outros. Uma comparação odiosa é o processo de estima das pessoas relativamente ao seu valor".

Gratidão

Segundo a gramática portuguesa, gratidão é um ato de reconhecimento de uma pessoa para outrem que lhe prestou um benefício. Prefiro acreditar ser um sentimento nobre que poucos têm e exercem. Aí, sim, o ato de se praticar o reconhecimento, a gratidão é que deveria estar enraizada no coração do homem, o que, infelizmente, não acontece com frequência. Existe uma diversidade enorme de sentimentos, porém, a gratidão passa despercebida com facilidade em resposta ao que se recebeu. Um favor, uma gentileza, não há que se ficar lembrando a todo momento quem um dia lhe foi generoso ou lhe prestou algum serviço, a título gratuito ou não. No entanto, no âmago da intimidade do ajudado, há que prevalecer uma resposta, mesmo que sem palavras, o agradecimento de maneira sutil e leve, o exercício da gratidão, a quem contribuiu de maneira generosa e despretensiosa com o seu bem-estar. Essa manifestação de sentimento, por um ato de agradecimento, deve ser demonstrada por quem recebeu, muitas vezes, algo tão valioso que pode mudar o direcionamento de uma vida, pelo sentimento simples da gratidão. Não há como esquecer, há que se demonstrar este sentimento, com carinho e suavidade, não lhe pesa no coração, é bom e faz parte para o crescimento interior. Afinal, não somos sós, não nos realizamos sozinhos, sempre estaremos precisando de alguém e um muito obrigado não faz mal a ninguém. Sair pela porta da frente faz bem, não sabemos o dia do amanhã. A dificuldade na demonstração de gratidão traz o risco de prevalecer o orgulho, pelo que recebeu de outrem, isto não é bom. Se essa atitude de receber trouxe esse sentimento negativo de inferioridade e se opôs à gratidão, você estará sendo ingrato.

Muitos são os exemplos da falta de gratidão, muitas vezes uma atitude simples, a falta de um muito obrigado! No entanto, situação de demonstração de atitude desonrosa, ao contrário da gratidão, a ingratidão. Acontece em oposição extrema ao sentimento de beleza e graciosidade do que recebeu, exemplos graves: filicídio, fratricídio, atos de barbárie. Outro exemplo comum, porém não aceitável, é a traição conjugal. Neste caso, existe a concorrência em outro campo de sentimento, o amor. Não há que se falar em gratidão, um sentimento distinto. No entanto, às vezes, a reciprocidade da convivência pode ocorrer em uma determinada atitude de ingratidão, independentemente do amor que existe ou existiu.

Não bastasse, a pior de todas as ingratidões, a autoingratidão. Aqui, sofremos sozinhos a exigência da perfeição quando cobramos exageradamente de nós mesmos algo além do necessário, em toda e qualquer situação. Não oportuniza um basta, uma cobrança interminável consigo mesmo, a preocupação, até mesmo com relação a outrem, traz o sofrimento pela autoingratidão. Exerce demasiadamente sobre si mesmo uma pressão do insuficiente, por exemplo, os cuidados de um filho ou no trabalho, exagera, sofre com o zelo, ou seja, perfeccionista, a dificuldade de aceitação pessoal, buscando incessantemente o melhor resultado, além do necessário e o suficiente.

A ingratidão coletiva ocorre em situações de promessas exageradas a um grande número de pessoas, com um objetivo determinado e comum. Um exemplo de fácil compreensão são as promessas políticas, onde se deseja o voto, com isso se prevalece o político ou candidato de instituição de classe, com promessas que não serão realizadas. Aí a ingratidão coletiva recebeu os votos na eleição, mas não cumpre as promessas. Com isso, a ingratidão com seus eleitores ou associados.

Considerando a ingratidão um sentimento negativo, a distância de pessoa ingrata pode suavizar a dor, não há alternativa, traz desconforto, abala o emocional, prejudica a saúde física e psicológica. É certo que somos como boas sementes que precisam ser semeadas em lugar apropriado para fertilizar. É certo que não somos sozinhos, desde o início somos movidos à educação pelos nossos pais e instruídos pelos mestres para o desenvolvimento físico e intelectual. Com isso, não há como ser ingrato com quem foi a base do nosso equilíbrio no passado, esse sentimento é digno de estar presente em todas as fases da vida. É justo e faz bem observar uma flor semeada pelas próprias mãos, a beleza do reconhecimento nos enche do bom orgulho.

Filantropia

O mundo caminha para o caos econômico e a população aumenta dia após dia. É frequente nos depararmos com situações de pessoas carentes por todos os lugares, no semáforo, nas calçadas, na porta de sua casa e por todos os caminhos no mundo. Muitas vezes, inconscientemente, julgamos a real situação da necessidade do ato de pedir, considerando as condições físicas favoráveis do pedinte ou não. A certeza de que você, leitor, qualquer que seja a sua condição financeira, está apto a praticar a filantropia, para isso, basta olhar para trás, as suas condições financeiras são melhores do que a de milhões de pessoas. Ajude! Em determinada situação, a certeza explícita da necessidade. A fome não castiga apenas o estômago, nos olhos verá a tristeza nas profundezas da alma, sem expectativa. Como qualquer um de nós, para as crianças carentes a certeza de que a vida é única, não é justo.

Com sua atitude de filantropia, se pensa em não poder mudar o mundo, as diferenças não recuam, ecoam, sempre avante, predomina o descontrole em direção, se não do fim, à manutenção da desigualdade e exclusão social. A vida! A sua vida, a outra vida, a vontade de viver com dignidade o tempo ínfimo de maneira leal e digna é a mesma entre os homens. Muitos não conseguem, porque as dificuldades divergem em todos os sentidos desde o nascimento. E, ainda, aos menos favorecidos o peso, a razão da interferência negativa, por descompasso da política na educação. Com a falta, sofrem e padecem na miséria. Há um culpado? A difícil compreensão da culpa arrasta-se por milênios, harmonia voltada para o equilíbrio nunca houve, com exceção da tentativa inspiradora dos filósofos iluministas na Europa, na revolução do século XVIII, o último século da Idade Moderna e o primeiro da Idade Contemporânea, o século das luzes. Com a ascensão da burguesia, os textos constitucionais passaram a determinar o povo livre no sentido de classe, com o objetivo de trazer igualdade e plena cidadania. Trouxeram a dúvida da legitimidade do poder monárquico e aristocrático e as estruturas e crenças que apoiavam o comércio de escravos.

No presente, a realidade entristece, os caminhos se perderam pelo acaso. Não devemos aceitar a intromissão do assistencialismo político, que mata a fome de poucos, tira a expectativa de liberdade e crescimento de milhares. Nesse sentido, o Estado dá de ombros na base de sua formação, a estrutura de sua existência, o povo. São livres, marcados como se fossem um tijolo inexpressivo, jamais. Com essa breve manifestação de desajuste na política para a resolução do equilíbrio social, devemos dar de ombros, sim, nas medidas governamentais pretensiosas impostas nas últimas décadas, que não conseguiram extinguir a fome e, de carona, destruíram a educação e trouxeram a instabilidade para a família. Ao contrário, a expectativa de um plano assistencialista justo a quem de fato mereça e está na miséria. Façamos nós a conversão desse resultado, a alegria nos olhos de uma criança satisfeita e bem alimentada não tem preço, uma que o seja às custas da sua intervenção, traz dignidade e luz para o futuro.

Atrevo-me a defender matéria sinuosa aos interesses de parte da sociedade, porém, com o fim de contribuir com a filantropia. Não em detrimento, mas em uma tentativa de mostrar que é possível uma alternativa com menos ocupação, e sem dúvida, voltar a atenção para os cuidados, o zelo da vida humana. Muito se sabe, é notória a paixão por animais dentro dos lares da sociedade, em especial os cachorros, conhecidos como verdadeiro amigo do homem. Incontestável a alegria que os animais trazem para o homem e a segurança em determinada situação, no caso dos conhecidos cães de guarda. Com respeito ao direito de escolha, ainda vivemos em uma sociedade democrática. Mesmo assim, causa espanto a insegurança de pessoas abastadas, que recorrem ao auxílio da companhia de animais para suprir a carência de afeto. É certo que as dificuldades e as turbulências da vida trazem angústia, frustrações de todas as ordens, porém, imaginem as dificuldades de uma criança, uma mãe jogada à própria sorte.

Um exemplo que foge à sensibilidade humana, na espera de um elevador, em edifício de alto luxo no litoral, surge, a pouca distância, uma senhora empurrando um carrinho de bebê. Naturalmente, a educação prevalece na preferência, eis que surge a surpresa, no carrinho não havia um bebê, havia, sim, um pequeno cachorro, devidamente trajado como criança, com direito a touquinha e tudo o mais. Neste ponto, uma teoria que desponto como salutar na resolução para os problemas de exclusão social que assolam o mundo e de poder ajudar a matar a fome, a ***Filantropia Objetiva***. Antes desta disposição, são notórias, as despesas de se manter um, às vezes muitos animais em uma residência, os cuidados e despesas são indispensáveis, alimentação, veterinário, cuidador, a manutenção da beleza; prova disso é a explosão do comércio dos conhecidos pet shoppings, exclusivos. Somado a tudo isso, o incômodo aos vizinhos pela sonoridade de seus latidos e, ainda, para os donos de animais inconscientes, a sujeira nos gramados dos parques ou nas calçadas dos vizinhos. Como prática da Filantropia Objetiva, atribuo os cuidados, por qualquer um de nós, de crianças ou adultos com exposição notória da necessidade de auxílio, nos princípios básicos da educação e na alimentação. Como fazer? Como devo agir? Considerando, neste caso, não apenas como uma atribuição nessa fase da vida "Bônus", mas para qualquer das fases que proponho neste livro, em especial, sim, aos que chegaram com louvor à terceira fase da vida. Tanto por fazer, assunto deste título, praticar a filantropia objetiva. Você! Exclusivamente você, atrever-se a ajudar diretamente a quem tem necessidade. Às vezes, ao realizarmos qualquer doação para instituição, de fato, institucionalizada, pessoa jurídica, colocamos em dúvida a originalidade e a designação da doação, o que seria a prática da ***Filantropia Subjetiva***, de maneira indireta. Infelizmente, as exceções de instituições viciadas no oportunismo sobre as doações dos bem-intencionados, não é justo.

Na modalidade de ***Filantropia Objetiva***, você é o autor direto do benefício. Encontrar situação de necessidade, que aperte o coração, não é difícil de se achar, muitos são os exemplos a serem observados, nascem ocasionalmente. Por exemplo, situação em que vivenciamos e praticamos a ***Filantropia Objetiva***, ao encontrarmos dois pequenos meninos, de oito e dez anos de idade, em um restaurante aberto, vendendo bombons, mais do que comprar, procuramos saber por que estavam vendendo chocolate à noite, quando deveriam estar em casa. A resposta foi clara e objetiva, precisavam ajudar no sustento da família. Em um caso dessa natureza, é claro que a falta não é apenas do alimento, mas sim de toda uma estrutura familiar.

Outro exemplo em andamento, um jovem de dezoito anos, percebe-se a boa índole, falta-lhe oportunidade. A má companhia o levou para o mundo das drogas, ao ser questionado sobre a razão de morar nas ruas, respondeu que é para não trazer sofrimento para a mãe, que mora na periferia, com mais três irmãos. O início da desestruturação da família foi o sumiço do pai. Talvez você, leitor, entenda a dificuldade para esta providência, deslocar-se para os recantos da cidade, no subúrbio, identificar a realidade desses dois exemplos e, já no primeiro momento, ver o quanto você é privilegiado. O que fizer de maneira despretensiosa, sem vínculo, verá a luz da felicidade de quem recebe, por ora, a simples atenção e do que puder dispor. Em sua casa, verá quantos objetos, móveis e eletrodomésticos não utilizados, à disposição para doação. Verá a não necessidade da revenda para a obtenção de algumas cifras a mais, a gratidão pela doação não tem valor. E, ainda, o sentimento da realização pessoal sem compromisso, ao trazer o mínimo de conforto a outra família. Nessa realização, talvez irá encontrar o preenchimento para as suas necessidades, psicológica ou de qualquer natureza, uma troca perfeita, desde que a vontade seja espontânea e natural. No passado, inúmeras foram as tentativas de ajuda ao próximo carente, com este método que atribuo de ***Filantropia Objetiva***, houve alegria na realização de atingir objetivo com sucesso, houve situação de frustração naquele momento, talvez, quem sabe, a soma para a conscientização no futuro.

Na tentativa, indiferente com o resultado, que envolve a dúvida, considerando as incertezas da vida, a alegria da obstinação da realização do bem ao irmão carente que não teve a mesma sorte. Porém, a expectativa da realização do sucesso pretendido na vida, por este caminho ou por onde os desígnios nos trazem a vontade de contribuir com um mundo melhor. O sucesso não está apenas na realização financeira, está na descoberta de poder realizar-se através de novas descobertas na sua existência. As etapas da vida, se bem planejadas, a oportunidade de se ir além, com novos objetivos, fazer diferente e mostrar com grandiosidade para que veio ao mundo aos olhos de Deus.

Flores em vida

– Antes, na primeira fase, como se o tempo andasse para trás, nos empurrando para o futuro.

– Depois, na segunda fase, como se o tempo andasse junto, de mãos dadas, como se quisesse estar presente em todas as nossas dificuldades e anseios, contribuindo para a superação de todas as expectativas. A exemplo de um urso glacial, vivendo o presente no verão, se preparando e armazenando tudo para o futuro incerto do inverno.

– Agora, na terceira fase, como se o tempo andasse a toda velocidade a nossa frente, nos puxando para a satisfação de todas as pretensões não realizadas e vividas no passado. Transcrevo palavras do título da primeira fase, "Onde nascemos", inerente àquele assunto e fundamental neste acabamento:

"Não devemos nos preocupar com o lugar onde nascemos ou deixamos de nascer, o lugar em que você está ou deixou de estar, onde chegou ou deixou de chegar, o que conquistou ou deixou de conquistar, afinal de contas, cada um de nós teve um início diferente do outro. Não se compare com ninguém, o que pensam, cada um de nós tem a própria luz e um caminho a percorrer. Você! Eu sou o centro do meu mundo, celebre a vida, conviva com as pessoas que ama, divirta-se; afinal, o que importa é o mérito do saldo final de cada momento, ser feliz à sua maneira."

Faça, decida, mude, senão viverá na eterna escuridão, ainda vivo.

Chegavam flores e coroas em grande quantidade. Questionei em meu subconsciente: quantas flores! Por que isso só ocorre no momento em que não há mais chance e oportunidade de agradecimento pessoal em vida? Perguntei para os amigos presentes se alguém, em algum momento especial de suas vidas, tinha recebido tantas flores. Apesar do acontecimento fúnebre, os risos e as negativas foram unânimes. Alguém se manifestou encabulado: recebi algumas flores na minha lua de mel, e outras pessoas, às vezes no dia do meu aniversário, porém não em tanta quantidade. É compreensível o gesto caloroso em memória, carinho dos familiares ao homenagear singelamente a perda de um ente querido. Por outro lado, a oferta de flores no dia a dia para quem se ama seria um exagero, não seria razoável, mas possível. Ainda, considerando a vida atribulada, onde não se vê um abraço caloroso a um amigo, um cumprimento por mera educação.

Cordialidades são doces saudades do ontem e do hoje. Nos bons e velhos tempos, a simbologia das flores era utilizada de inúmeras maneiras, seja para aconchegar um amigo, a namorada, a esposa, os filhos, irmãos, tios e até mesmo um cunhado. O agradecimento a qualquer um que desejar, atitudes em substituição às flores no dia a dia, procurar um bom relacionamento com as pessoas e a cordialidade até mesmo com os não conhecidos. Afinal, um cumprimento não tira pedaço de ninguém, ao contrário, enriquece e faz de um dia aparentemente nublado, um dia claro, alegre e feliz. Um abraço verdadeiro no amigo, elogiar, ser cordial, educado, generoso, dar preferência ao idoso, o respeito à faixa de pedestre no trânsito, ligação telefônica ao amigo distante, visitar um convalescente, um orfanato, um asilo. Enfim, todas boas maneiras que possam exprimir e fazer com que a vida seja divertida em todos os momentos. A resistência a boas atitudes de cordialidade é implacável, a falta entristece e torna a vida sem brilho, resistimos em elogiar e agradecer uma verdadeira amizade. Não damos conta de que o benefício é mútuo, de quem é generoso, para com quem recebe, traz alegria e satisfação para todos e em qualquer lugar.

Na introdução deste livro, descrevi os assuntos e caminhos a serem percorridos, por títulos, que vão desde o nascimento de um filho aos benefícios da velhice, na ânsia de contribuir para uma vida de sucesso, com citações de autores que se identificam com o nosso ideal. A razão da citação de um trecho da belíssima letra da música "Fica sempre", de autoria de ***Alberto Costa***, a preocupação com a arte de se viver bem e ser generoso:

> Fica sempre, um pouco de perfume...
>
> Nas mãos que oferecem rosas...
>
> Nas mãos que sabem ser generosas...
>
> Dar do pouco que se tem...
>
> Ao que tem menos ainda...
>
> Enriquece o doador...
>
> Faz sua alma ainda mais linda...

A empatia enriquece, no entanto, não nos esqueçamos dos sonhos e delírios... os meus, se não os meus sonhos, quem mais pode viver os sonhos? Não se sonha o sonho de outro, se sonha os seus. O outro, igualmente o dele e não os seus. Pelo outro, se quer bem, ama, vibra, deseja, é grato, mas não se sonha. Ele é egoísta, único, não se sonha por outro, sonha por si. Não há maldade, não é possível, é pessoal. Desperte a sua liberdade, desperte os seus sonhos, não se sonha por ninguém, não há liberdade que não a sua, não se divide. Liberte-se.

Fim – Um novo começo

Neste conceito de atitude e atrevimento em ousar ao escárnio, o desconcerto de tudo que é certo, fazer da vida como se fosse uma gangorra em um grande parque de diversões colorido, repleto de brinquedos à disposição. Injustas as indiferenças sob o céu noturno, belas estrelas. Por que lamber apenas os dedos, quando temos muito para brindar e comemorar com os benefícios gratuitos ofertados por Deus? É uma afronta aos desígnios do supremo, o presente que nos foi dado divinamente pelo seu sacrifício: a vida. Deixar-se sucumbir pela ganância e desconhecer o sentido da palavra suficiente. Deixar-se engasgar pelo excesso, com a sede do insuficiente, seguindo na contramão, à revelia dos milhões de necessitados mundo afora. Oprimem à mercê da satisfação pessoal, do ter incontido e desnecessário para uma vida feliz, em detrimento ao próximo, favorecendo a exclusão social. A vida é desprezada em uma única oportunidade, às margens das calçadas no relento do mundo. O tempo acelerado, veloz, esquecemos as belezas da natureza e a vida do homem de qualquer lugar, subjugado à própria sorte, esquece de si mesmo, os irmãos de todos os lugares, com as mesmas vontades, que residem em uma única casa, a terra. Por isso, contribua com você mesmo nos acertos que forem possíveis durante a vida. Certamente, poderá contribuir para que haja uma sociedade mais justa e feliz.

"Vim, vi e venci"

Trabalhar é bom, meu legado

foi a boemia.

FIM

Frases para pensar

- A vida é agora, não desista dos seus sonhos.

- A vida é uma viagem sem volta.

- Verdadeiros amigos, as pérolas da vida.

- Realize seus sonhos enquanto há tempo ou será conduzido à escuridão.

- Faça, decida, mude, senão viverá na eterna escuridão ainda vivo.

- O sol nasce para todos, infelizmente poucos conseguem a sombra fresca das finanças.

- Onde nascemos é o berço sublime da nossa alma.

- Somos do tamanho da preocupação que tivemos no passado.

- O espírito de um homem não há de sossegar em paz, enquanto a sua maior virtude não for sincronizada com a realidade do seu verdadeiro eu.

- O que importa é o mérito do saldo final de cada momento, ser feliz à sua maneira.

- Perdido será o dia em que não se brindar a vida uma única vez... Perdido será o dia em que não se dobrar ao sorriso de uma criança... Perdido será o dia em que o desânimo sobreponha a esperança.

- A vida é breve, precisamos de pouco para viver, infelizmente, difícil é a compreensão.

- Lembre-se! Você erra, os seus pais sofrem e a vítima é você.

- O Dom não se procura, ele vem pronto, ele é essência.

- "Vim, vi e venci" – Trabalhar é bom, meu legado foi a boemia.

- Assim, por todos os tempos, não damos conta da velocidade com que a vida passa, o tempo não se incomoda, ele permanece pelos milênios, dia a dia, sem pressa. Não está nem aí para nós, a vida humana se renova, para ele não faz diferença. Com isso, estacionamos o pensamento na jovialidade da mente e esquecemos que o corpo padece.

Apêndice

Páginas 34, 35, 38, 39, 76, 86 e 173

Referência: BURKE, Edmund. **Reflexões sobre a revolução em França.** Tradução: Renato de Assumpção Faria, Denis Fontes de Souza e Camern Lídia Richther Ribeiro Moura. Brasília: Editora da Universidade de Brasília, 1982. p. 67.

Página 46 e 47

Referência: D'ANDRÉA, Marceli Santos. **Formas de Pensar e fazer Educação Matemática**. Editora: Uniderp, 2008. p. 73/77.

Páginas 48 e 49

Referência: VIEIRA, David Gueiros. **Método Paulo Freire ou Método Laubach?** Disponível em: http://www.escolasempartido.org/artigos/178-método-paulo-freire-o-u-método-labauch. Acesso em: 10 out. 2021.

Páginas 62, 63 e 64

Referência: KUNZ, Elenor. **Educação física: ensino & mudanças.** 3. ed. Ijuí: Ed. Unijuí, 2012. p. 151.

Página 113

Referência: DRUCKERMAN, Pamela**. Crianças francesas não fazem manha: os segredos parisienses na arte de criar filhos.** Rio de Janeiro: Fontanar, 2013.

Páginas 115, 116, 117 e 187

Referência: JAMES, Willian. **Como evitar preocupações e começar a viver.** 34. ed. Companhia Editora Nacional, 2000. p. 198-199.

Páginas 184 e 290

Referência: PEALE, Norman Vincent. **O poder do pensamento positivo.** São Paulo: Cultrix, 1989/1993. p. 207.

Páginas 122, 123, 124, 126 e 187

Referência: AUDRY, Colette. **Sartre e a realidade humana.** Lisboa: Editorial Estúdios Cor – S.A.R.L., 1972. p. 91.

Páginas 106, 190, 202, 207, 214, 215, 216, 217, 221 e 260

Referência: ARISTÓTELES. **Ética a Nicômaco.** São Paulo: Martin Claret, 2002. p. 172.

Página 199

Referência: ROUSSEAU, Jean-Jacques. **Discurso sobre a origem e os fundamentos da desigualdade entre os homens.** São Paulo: Abril Cultural, 1973. p. 388.

Páginas 222, 223 e 303

Referência: VEBLEN, Thorstein. **Os pensadores XL – A Teoria da Classe Ociosa.** São Paulo: Abril Cultural, 1974. p. 289-295.

Página 276

Referência: GIKOVATE, Flávio. **O mal, o bem e mais além.** 10. ed. MG Editores, 2005. p. 153-154.

Páginas 288 e 293

Referência: NUSSENZVEIG, Herch Moysés. **De onde viemos? O que somos? Para onde vamos?**

Páginas 278, 279 e 293

Referência: DESCARTES, René. **Discurso do Método.** Editora UnB/ Editora Ática, 1989. p. 24-27.

Página 317

Referência da frase: Vim, vi e venci, Júlio César, 100 a.C/44 a.C.

Letrasdo
Pensamento